DIEU L'A VOULU

PAR

RAOUL BRAVARD,

RÉFUTATION DE DIEU LE VEUT,

PAR M. D'ARLINCOURT.

Patiens quia æternus, moderatus quia fortis.

Prix : 1 fr.

PARIS,

LIBRAIRIE, RUE SAINT-ANDRÉ-DES-ARTS.

1849.

DIEU L'A VOULU.

DIEU L'A VOULU

PAR

RAOUL BRAVARD.

Patiens quia æternus, moderatus quia fortis.

DEUXIÈME ÉDITION.

PARIS,

LIBRAIRIE, RUE SAINT-ANDRÉ-DES-ARTS.

1849.

AUX PATRIOTES DE L'AUVERGNE.

Lorsque, chez un grand peuple comme la France, surviennent tout-à-coup des évènements immenses et qui renversent tous les projets qu'avaient ébauchés nos étroites prévisions, ou qu'ils accomplissent des destinées que notre ambition n'aurait pas même osé entrevoir, le mot de remerciement ou d'adhésion aux choses accomplies doit être le même : *Dieu l'a voulu !*

Mais lorsque ces évènements surgissent au milieu des calamités publiques, comme descendus du ciel, et semblent être l'expression d'une volonté suprême et inconnue ; lorsque ces évènements font renaître dans tous les nobles cœurs l'espoir d'une félicité que l'on croyait à jamais impossible, alors, de toutes les âmes reconnaissantes et réellement françaises, s'échappe un cri qui ne se peut prendre que dans un seul sens, c'est le cri que pousse l'enfant en retrouvant sa mère, l'esclave en recouvrant sa liberté, un cri semblable dans toutes les langues, puisqu'il part du cœur.

Dieu l'a voulu !

DIEU L'A VOULU.

MONARCHIE ET RÉPUBLIQUE.

> Si vous dépassez d'une ligne les conceptions vulgaires mille imbéciles s'écrient : vous vous perdez dans les nuées, etc.....
>
> CHATEAUBRIAND.

> Peuples, formez une sainte alliance
> Et donnez-vous la main.
>
> BÉRANGER.

I.

« J'écrivais en 1833. »

C'est Monsieur d'Arlincourt qui parle ainsi :

« J'écrivais en 1833. »

Comme si nous n'avions pas le malheur de savoir que ce cher vicomte écrivit de tout temps, et de tout temps assez mal, comme bien on peut le voir en prenant son dernier livre.

Quelle que soit notre tendance à vivre en ennemis avec ceux qui seraient tentés de lire Monsieur d'Arlincourt, nous ne sommes pourtant pas assez inhumains pour vouloir les priver d'un plaisir, et c'est dans ce but que nous les engageons à prendre connaissance de sa dernière publication, publication qui n'est, à proprement parler, qu'une brochure de quelques lignes, ou plutôt un titre sonore avec des phrases vides : Dieu le veut ! Ce qui doit diminuer de beaucoup aux yeux de mes lecteurs la punition que je leur impose, si le plaisir que je leur annonce leur fait défaut.

« J'écrivais en 1833 :

« La providence fera sortir l'expiation du principe même qui a fait le scandale. »

Un journal disait le 23 décembre, la loi électorale est le testament de l'Assemblée, ce qui est faux.

Cette phrase, écrite en 1833 par Monsieur d'Arlincourt est son testament en même temps que celui de la royauté.

Nous ne dirons pas que le malheureux vicomte s'est tué avec ses propres armes, car nous sommes loin de croire dangereuse la plume de Monsieur d'Arlincourt, et c'est à peine si, à l'époque où nous sommes, il se souvient que ses nobles aïeux portaient une épée; mais nous nous croyons permis de dire que le grand écrivain a trouvé la mort dans son écritoire.

Pleurez, âmes sensibles, le vicomte d'Arlincourt n'est plus.

« La providence a fait sortir l'expiation du principe même du scandale. »

Mais ne savons-nous pas quel fut le rôle de la providence en 1830 et en 1848, et quel était, à ces mêmes époques, le principe du scandale.

Étrange condition des princes, ce ne sont point leurs amis qui les éclairent, ce sont leurs ennemis.

C'est un rude jouteur que M. d'Arlincourt, car malgré la Révolution de Juillet qui renversa Charles X, et malgré celle de février qui fut le tombeau de la royauté, il prétend que le droit est patient parce qu'il est éternel.

Si M. le Vicomte eût voulu parler du droit du peuple, nous aurions compris son épigraphe ; mais non, l'auteur de *Dieu le veut* parle du droit d'Henri V ; il n'en reconnaît pas d'autre, il n'admet pas de droit hors de la branche aînée.

Le comte de Paris n'est qu'une prétention qui se peut traîner dans le sang et dans la boue sans que le cœur du noble vicomte en soit ému. Le peuple, en chassant Louis-Philippe, a détruit ce qu'il avait créé. Rien ne lui paraît plus logique. Rien ne milite en faveur du fils de Ferdinand d'Orléans qui fut une création du peuple. Le peuple a le droit de briser ses œuvres. Il est heureux que M. d'Arlincourt lui reconnaisse au moins un droit.

Quand un avare est prodigue il ne l'est pas à demi. Nous remercions sincèrement M. d'Arlincourt du droit qu'il nous accorde, celui de *faire* et de *défaire.*

S'agit-il de Louis-Napoléon ?

Non, certes, ce n'est encore qu'une prétention, et d'autant moins fondée que le Charlemagne moderne n'a point eu de droits à laisser à son neveu, puisque lui-même n'avait conquis les siens qu'au bout de son épée, et que Louis-Napoléon, en tant qu'héritier légal du grand capitaine, peut bien ne pas avoir hérité moralement de son courage et de son génie.

Son droit à lui, le droit *patiens quia æternus*, c'est Henri de Chambord, roi de France, sous le nom d'Henri V, le roi par la grâce de Dieu *et la volonté du peuple,*

M. d'Arlincourt voudra-t-il le comprendre.

II.

« Il n'y a pas de gouvernement possible avec les « doctrines révolutionnaires. »

Quel est le principe des doctrines révolutionnaires?

La résistance.

Si M. d'Arlincourt connaissait le peuple, il saurait qu'il fut toujours le plus sévère observateur de la soumission aux lois et du respect à la famille et à la crainte de Dieu ; qu'il n'eut jamais besoin que les bourreaux et les gendarmes intervinssent pour lui faire accomplir un devoir que de tout temps il regarda comme sacré.

Mais n'est-il pas permis à M. d'Arlincourt de calomnier le peuple ? Le gentilhomme n'a rien oublié des prérogatives et de la morgue d'autrefois; il n'a oublié que 93.

Le canon de juin a tué les bandes insurgées, dit-il ; rien n'est malheureusement moins vrai, le canon de juin a tué les nobles enfants de la République, grâce aux fusils de février et de juillet qui n'ont tué qu'un des motifs de la réaction sans en tuer l'esprit, grâce à la modération de ces hommes que l'on ose traiter de rouges, sans doute parce qu'après la victoire ils ont fait preuve d'une générosité qu'ils n'eussent pas trouvée chez leurs adversaires, et qui pourrait les perdre, si, comme le dit M. d'Arlincourt, le peuple n'était pas *patiens quia æternus*, patient parce qu'il est éternel, *moderatus quia fortis*, modéré parce qu'il est fort.

Nous sommes *rouges*, il est vrai, mais c'est le rouge de l'orgueil et de la satisfaction, nous sommes *rouges* de plaisir, parce que nous avons été braves et généreux, et vous n'êtes, vous, rouges que de sang.

Non, le canon de Juin n'a pas tué les bandes insurgées, vous et les vôtres vous savez qu'elles existent, qu'elles agissent chaque jour, mais dans l'ombre. Ce ne sont pas celles qui ont eu le courage de se montrer derrière labarricade.

Et que Monsieur d'Arlincourt ne s'y trompe pas.

Cet élan patriotique de la garde nationale, ce noble élan dont il fait un moyen pour sa cause, cet élan des forces armées aux regrettables journées de Juin où des frères combattaient contre leurs frères, était tout en faveur de la République. Les barricades n'eurent qu'un tort, celui de n'avoir point arboré de drapeau.

Des deux côtés de la rue la crainte était la même et là défense et l'attaque en venaient aux mains avec le même cri, *Vive la République !*

Il s'agissait pour les uns et pour les autres de sauver la forme de Gouvernement qu'avaient proclamé les vainqueurs de Février. Ils avaient tous fait dépendre leur salut de sa conservation. Les uns et les autres crurent qu'on en voulait à ses jours, et se levèrent pour la défendre ; malheureusement pour tous, l'heure des explications était passée, les barricades étaient construites, les armes étaient chargées, les courages étaient impatients de se mesurer : l'hypocrite ambition tenait l'épée du commandement.

Fatal oubli ! horrible imprudence ! épouvantables journées ! le sang de la France coule à flots, la lutte s'engage sur tous les points, pas d'abris, pas de retraites possibles, les temples du Seigneur ne sont pas un asile, la fureur est au comble de l'aveuglement ; les tombeaux des grands hommes sont violés, les maisons sont converties en forteresses, les rues sont autant de remparts où la discorde échevelée promène les flambeaux du deuil et de la désolation; mais au milieu de cette lutte sans exemple dans l'histoire, de ce combat de frères s'entr'égorgeant au nom d'une même croyance, d'une religion semblable, la République sort plus resplendissante que jamais des ténèbres où l'avaient plongée, dans leur aveugle amour, ceux mêmes qui n'avaient pris les armes que pour la défendre.

La France se relève plus forte et plus grande qu'elle ne l'avait jamais été, plus forte et plus grande parce qu'elle ne peut plus douter maintenant du courage de ses nobles fils, et que, sans cette malheureuse et trop horrible épreuve, elle ignorerait ce qu'elle trouvera en chacun d'eux d'héroïque dévouement si l'on tentait encore de détruire les institutions qu'elle a signées en juin, avec le plus pur de son sang.

Le peuple a la conscience de sa force; il connaît sa valeur, il sait quels liens étroits et sympathiques unissent entre eux tous les membres de la grande famille démocratique et sociale; il a appris à se méfier de ces hommes à toutes couleurs qui ne se retrouvent point au moment du danger.

Terrible leçon, mais qui portera ses fruits.

Que Monsieur d'Arlincourt cesse donc de vouloir accaparer pour lui seul et pour les siens la glorieuse part qu'ont prise aux déplorables évènements de Juin les gardes nationales de Paris et des départements.

« La République n'était défendue ni quoique, ni parce que, ni quand même; elle était complètement hors de la question. »

Erreur grossière, erreur à la d'Arlincourt.

La République était défendue, *quoique* ces messieurs, dont la couleur la plus distincte est le *blanc sale*, eussent largement salarié, pour crier *vive Henri V*, quelques malheureux ouvriers tellement affaiblis par les privations de toutes espèces, qu'ils n'avaient plus le sentiment de leurs actes, et des misérables dont on rougirait de se servir si l'on n'était moins à court de moyens et plus délicats sur le choix de ses instruments que ne le sont les prétendus fidèles d'un système assez corrompu pour arrher, au sortir du bagne, ses défenseurs les plus zélés, en ce sens du moins qu'ils ne mentent point à la mission dont ils se sont chargés, puisqu'on retrouva parmi les cadavres des vrais héros de la cause nationale et jetés pêle-mêle et sans façon dans la fosse des bonnets rouges, comme le dit très-élégamment M. d'Arlincourt, des hommes faciles à reconnaître à l'infamie répandue sur leur visage (1),

(1) Un homme a été arrêté et amené à la Chambre; il avait sur lui 4,000 fr. en or et des bulletins imprimés portant ces mots : Demandez Henri V.

lors même que des preuves plus convainquantes n'eussent pas témoigné de lenr identité.

Monsieur d'Arlincourt n'ignore point que plusieurs de ces hommes étaient porteurs d'une médaille en bronze à l'effigie de l'idiot de Frohsdorf, et voilà quels étaient les prophètes chargés de nous annoncer la venue de ce nouveau Messie; c'est à de semblables mains que les chevaliers du lys avaient confié leur précieuse amulette, c'est dans de semblables cœurs qu'ils avaient cherché un temple pour y placer leur sainte image, c'est pour leur Dieu seulement qu'ils ont fait *du tombeau même une insulte.*

La République était défendue, *parce que* des bruits semés à dessein, toujours par les mêmes hommes avaient fait croire au peuple que ceux qu'il avait chargés de ses droits voulaient le trahir, que ses fondés de pouvoir allaient renverser le mode de gouvernement qu'il avait, lui peuple, établi sur les barricades de février et que pour le maintenir il eut une fois encore recours aux armes et aux barricades.

Pourquoi cette nouvelle prise d'armes ? Pourquoi ces nouvelles barricades ? Pour rappeler à l'Assemblée Nationale, si elle l'avait oublié, que la République était debout dans la personne de ses enfants et qu'ils eussent à ne pas méconnaître sa puissance.

Quand faut-il tourner pour le peuple ? ou quand faut-il tirer sur le peuple ? demande hypocritement l'auteur de *Dieu le veut.*

Il faut tourner pour le peuple quand le peuple a raison, et il a presque toujours raison, car la voix du peuple, c'est la voix de Dieu, *vox populi, vox Dei*, mais il ne faut jamais tirer sur le peuple, il faut éclairer le peuple quand il marche dans le mauvais chemin. Ce n'est jamais du canon d'un fusil que sortira la lumière, ce n'est pas la force brutale qui réduira l'erreur.

Et qui nous dit que ce peuple qui eut raison en 89, qui eut raison en 1830, en 1848, qui depuis s'est montré raisonnable tant de fois n'a pas pu être trompé en Juin? et qui penserait à lui imputer cette faute comme un *crime*, en remontant à la source des désordres dont on fait retomber sur lui toute la culpabilité?

Ce peuple exploité par des passions et des intérêts ennemis, que l'on menaçait, dans son amour pour la République, que l'on poussait à la guerre civile, ce peuple ne s'est pas souvenu qu'avec le suffrage universel l'insurrection était un non-sens, plus qu'un non-sens, un attentat à sa propre souveraineté; ce peuple depuis si peu de temps instruit de ses droits, ce peuple à peine son maître depuis quelques jours a repris ses armes pour assurer une puissance qu'il croyait méconnue; ce fut une faute sans doute, mais ce ne fut qu'une faute, ce ne fut pas *un crime* qu'il fallait punir par des fusillades, mitraillades, canonnades et autres accompagnements forcés, comme continue de le dire, dans son gracieux stile, le gracieux d'Arlincourt.

Ce peuple ne demandait qu'à croire, et toujours les bruits sinistres répandus par les faux chevaliers du lis aidant, les gardes nationales envisagèrent sous une autre point de vue cette grande émeute populaire et l'on répondit à une aggression qui se croyait juste par une défense qui se crut légitime : qu'une explication eût eu lieu, et les Parisiens, comprenant qu'il n'y avait à Paris que des républicains bien intentionnés, n'eussent pas engagé une bataille dont on cherche vainement la cause (1).

Répétons-le : ceux qu'on appela les insurgés et ceux qu'on appelait les amis de l'ordre n'avaient qu'un cri de ralliement : *Vive la République !* Donc, n'en déplaise à M. d'Arlincourt, la République était défendue *quoique, parce que, et quand même*, et là était toute la question ; être ou ne pas être républicains.

Faut-il que la France ait versé un si noble sang

(1) Du pain ou du plomb ! Ce cri poussé par quelques combattants des barricades n'était qu'un prétexte à la lutte ; cinquante mille hommes n'éprouvent pas au même jour le besoin de manger ou de mourir.

pour ne pas avoir recherché à temps le motif d'un soulèvement qui semblait dirigé par un mot d'ordre mystérieux que les républicains n'oseront jamais s'avouer. Un voile de regret éternel préservera les sanglantes journées de juin de commentaires qui seraient du reste tout en faveur de l'esprit de républicanisme en France.

III.

« Les hommes manquent à la situation actuelle ; « non c'est la situation qui manque aux hommes. »

Car, voyez la concession que nous fait M. d'Arlincourt ! il nous accorde que nous avons et dans l'armée et dans l'Assemblée Nationale quelques beaux noms, quelques nobles cœurs, mais, ajoute-t-il :

« Il est certaines maladies incurables, certains maux sans remède.

« Au wagon sorti du rail, tout chauffeur devient inutile, »

Alors, à quoi bon le médecin que nous propose

M. d'Arlincourt, si la maladie est incurable? A quoi bon le chauffeur si le wagon est sorti du rail, comme il le prétend ?

Et quel médecin ! Quel chauffeur ! Toujours son immuable enfant du mystère.

Et de peur qu'on ne suppose qu'il est le seul à penser ainsi , M. d'Arlincourt fait précéder son miraculeux médecin de trois savants apothicaires ?

M. Odilon Barrot, dont il rappelle les mémorables paroles sur la rade de Cherbourg.

« Gardez bien ce dépôt sacré ; cette jeune tête, un « jour, pourra sauver l'Europe. »

Mais ce Barrot a accepté la Constitution, il est un des Ministres de la République, il a juré de la défendre... Juré, entendez-vous, M. d'Arlincourt, et vous seriez mal avisé de venir rappeler au célèbre apothiq-avocat ce qu'il disait à Cherbourg, ce qu'il a dit et ce qu'il a fait dans toutes les chambres et antichambres par où il est passé. La mémoire de ce M. Barrot est barrée, et c'est à peine s'il se rappellerait demain, si l'Angleterre ramenait le comte de Paris, ou la Russie le comte de Chambord, qu'il a crié hier : vive la République ! qu'il a promis aide et protection au neveu de l'autre, dont il salua la chute des fanfaronnades de 1815, et que vous savez. M. Odilon Barrot ne se rappelle pas, et il est presque discourtois à M. le vicomte d'Arlincourt de vouloir le forcer à se rappeler.

Et sortis de la même boutique deux hommes qui comptaient dans le passé, mais dont le présent a tué l'avenir, MM. Victor Hugo et Lamartine ; le premier chantant la naissance de l'enfant prédestiné :

Peuple chantez votre victoire;
Un sauveur naît, vêtu de puissance et de gloire,
Il réunit le glaive et le sceptre en faisceau.
Des leçons du malheur naîtront des jours prospères;
Car de soixante rois ses pères
Les ombres sans cercueil veillent sur son tombeau.

Mais en juillet 1831, ce même Victor Hugo disait :

Gloire à notre France éternelle;
Gloire à ceux qui sont morts pour elle,
Aux martyrs, aux vaillants, aux forts,
A ceux qu'enflamme leur exemple,
Qui veulent place dans ce temple,
Et qui mourront comme ils sont morts.

Et c'était pour les enfants du peuple, qui avaient eux pour pères tous les Français, que M. Victor Hugo faisait ouvrir les portes du Panthéon ;

Car ajoutait-il :

Toute gloire près d'eux passe et tombe éphémère,
Et comme ferait une mère,
La voix d'un peuple entier les berce en son berceau.

C'est que l'immortel poète l'a dit :

> Oh ! demain c'est la grande chose :
> De quoi demain sera-t-il fait?

Et qu'en attendant ce demain qui pouvait ne pas naître, il donnait l'essor à sa capricieuse imagination, il se laissait aller, sur l'aîle de sa muse, de Henri de Bourbon au roi de Rome, du roi de Rome au prince d'Orléans. Et quelle folle et méchante fille que la muse de M. Victor Hugo, que ne lui a-t-elle pas fait? que ne lui fait-elle pas chaque jour ? Elle l'affuble, après Février, de la gravité du magistrat ; elle lui rit au nez en l'appelant citoyen maire, se permet toute espèce de mauvaises espiègleries ; elle va jusqu'à le coiffer, le soir, d'un bonnet phrygien, et il se laisse coiffer, moquer, brusquer ; car sachant que l'avenir n'est à personne, M. Hugo veut-il s'y garder une place que nous ne prétendons pas lui disputer, car nul plus que nous ne l'aime et l'admire, en tant qu'aimable rêveur, qu'écrivain savant et profond.

Laissez donc le poète à ses douces inspirations, à ses pieux recueillements ; ne le ramenez pas au milieu d'un monde qu'il aime, mais qu'il doit éviter, car les poésies véhémentes et échevelées de votre politique détruiraient le calme de ses pensées, et nous priveraient peut-être de quelque nouveau chef-d'œuvre qui n'attend pour éclore qu'un moment plus favorable.

M. Victor Hugo n'est qu'un poète et n'est pas un oracle; et qu'en 1833, vous, monsieur d'Arlincourt, vous ayez prophétisé ce qui nous arrive aujourd'hui, cela s'explique de vous, le Juste choisi pour annoncer des temps meilleurs, et l'on a foi quand vous dites; mais quand vous ne faites que citer des passages d'œuvres admirables, il est vrai, on se demande tout de suite : où veut-il en venir ? qu'a-t-il voulu prouver ? qu'a-t-il prouvé ? Rien, sinon qu'il est le seul sage de son époque, et le seul digne d'être cru.

Et, en effet, que nous importe que Lamartine ait dit:

Toujours échappé d'Athalie,
Quelqu'enfant que le fer oublie,
Grandit à l'ombre du seigneur;
Il vient quand les peuples victimes
Errent aux penchants des abymes,
Comme des troupeaux sans pasteur.

. . . .

Il saura qu'au jour où nous sommes,
Pour vieillir aux trônes des rois,
Il faut montrer aux yeux des hommes
Des vertus auprès de ses droits.

Si l'auteur des *Ecorcheurs* et autres *semblables écorchures* eût pris la peine de relire ces deux derniers vers :

Il faut montrer aux yeux des hommes
Des vertus auprès de ses droits,

Il eût compris que, pour vieillir au trône des rois, il ne suffit pas d'y apporter les prétentions de la naissance, il faut y montrer avec les droits de la vertu ; et s'il eût pensé que, trois mois après les glorieuses journées de février, Lamartine était encore dictateur, il se fût évité de nous faire une citation qui se détruit d'elle-même. L'enfant grandi à l'ombre du seigneur est-il venu en appeler au tribunal de la légitimité, de l'usurpation faite par le peuple.

Le poète a brisé dans ses mains inhabiles et tremblantes le sceptre promis à la victime échappée d'Athalie.

Où sont les droits de l'un et de l'autre ?

V.

Selon la belle expression de Monsieur de Pradt, le monde a commencé par être mis aux voix.

Monsieur d'Arlincourt, qui sait un peu de tout, ignore-t-il que les soixante-quatre républiques qui formaient la grande république des Gaules se choisissaient un chef dans une assemblée générale tenue par des députés de chaque république; que ce chef était soumis aux exigences d'assemblées particulières, auxquelles tout citoyen avait le droit d'assister; que les propositions de ce chef n'acquéraient une valeur qu'après la sanction du peuple, qui y venait armé, pour y faire au besoin respecter sa souveraineté.

Ce fut dans une de ces assemblées que fut élu général des armées gauloises ce Vercingeto-Rix qui joua un si grand rôle dans les guerres contre César. Comme ses prédécesseurs et comme ceux qui lui succédèrent, Vercingeto-Rix ne reçut du peuple qu'un pouvoir limité à la mission dont il était chargé; comme eux, une fois sa mission accomplie, il devait remettre aux mains du peuple l'autorité qu'il lui avait confiée.

Les Gaulois avaient plus de pouvoir sur leur chef que leur chef n'en avait sur eux; ils étaient trop amoureux de leur indépendance pour laisser longtemps au même homme une puissance nécessairement abandonnée lorsque d'importantes affaires et l'intérêt général réclamaient qu'il en fût revêtu, mais qu'ils suivaient toujours d'un œil inquiet, comme fait un père qui, pour la première fois, laisse entre les mains de son fils des armes, dont son inexpérience pourrait faire un dangereux emploi.

Le chef était toujours le fils inexpérimenté du peuple, et sur qui chaque citoyen avait droit de conseil, et même, au besoin, de réprimande.

Le commandement n'était qu'un dépôt dont il devait compte à tous; et soit qu'il se fût montré à la hauteur de la confiance populaire, soit qu'il eût inhabilement géré la fortune publique, il cessait d'être avec le danger.

La chute des craintes était le signal de sa chute; dès lors, il reprenait parmi les siens le rang qu'il occupait avant que les évènements n'eussent imposé sa grandeur passagère.

Le droit héréditaire était complètement ignoré. Être le descendant d'un chef illustre, était toujours un titre inutile, quand il n'était pas nuisible. Les Gaulois craignaient qu'en rapportant sur la tête du fils l'autorité qu'ils avaient assumée sur celle du père, ils n'habituassent les hommes d'une même famille à se considérer comme les successeurs naturels d'un pouvoir dont ils étaient eux-mêmes trop jaloux, et dont ils ne se dessaisissaient qu'aux dernières extrémités.

Le peuple eût condamné sans pitié aux supplices les plus horribles celui qui eût osé se dire fait pour commander, tant que le suffrage universel n'avait pas sanctionné de son approbation son aptitude au commandement. Le mérite devait attendre qu'on en appelât à ses services; il ne lui était même pas permis de les offrir.

Monsieur d'Arlincourt, qui prétend, et que ne prétend-il pas! qu'il n'est qu'un principe au monde; que, semblable à un dogme, il est immuable, unique, éternel, *le pouvoir héréditaire,* sait pourtant bien que, lorsqu'après leur victoire, les Francs envahirent les Gaules et absorbèrent les Gaulois, ils apportèrent chez ces peuples un gouvernement démocratique avec un chef électif. Qu'il consulte les règnes de Mérovée et de Childéric, que les Francs appelèrent à les commander, qu'ils chassèrent et réélurent de nouveau, et il verra que le peuple seul était souverain, et que son principe éternel et immuable n'est qu'une erreur à ajouter à toutes celles que sa pauvre intelligence a créees et mises au monde.

L'idiotisme doit-il continuer le règne de l'esprit? Le père et le fils peuvent offrir le contraste frappant du souverain génie et de la suprême ignorance; n'en avons-nous pas eu de trop fâcheux exemples, et trop souvent renouvelés? Oh! que, malgré tous les tours de force de sa capricieuse imagination, monsieur d'Arlincourt éprouvera de peine à nous convaincre, et qu'il lui sera difficile de ramener parmi nous le jeune et intéressant Henri de France! Il aura beau suer tout le fiel de son petit pléthore à dénigrer la République et les républicains, il aura beau faire de la froide éloquence à trente trois degrés de chaleur naturelle, beau distiller pour le roi de sa pensée tous les arômes de sa mourante poésie, il n'en sera pas moins forcé d'accepter la République.

Infortuné vicomte! il en brisera peut-être sa plume

de désespoir au grand ébahissement de quelques saintes femmes du faubourg Saint-Germain, qui de ci, de là ont le courage de donner un coup-d'œil à ces malencontreux écrits, par pur désœuvrement ou pour complaire au charmant vicomte qui leur inflige cette lecture sous peine de se faire bonapartiste, et de laisser là l'enfant du miracle qui, à l'entendre, et depuis la mort du sublime Châteaubriand, n'a plus de défenseur que lui.

Ainsi sommes-nous faits, nous autres, enfants de la France ; nous oublions d'autant plus vite les hommes et les choses que nous en avons été plus vivement épris.

Nous eussions oublié Châteaubriand lui-même, si monsieur d'Arlincourt, en se faisant le champion de la cause légitimiste, ne fût venu nous rappeler que cette malheureuse cause avait eu pour défenseur le plus grand poète du monde.

VI.

Hélas ! (dit M. d'Arlincourt) le grand écrivain n'est plus; il dort l'homme illustre qui avait rempli le monde de son nom ; il dort sur son poétique rocher, battu par les flots de la mer et les vents de la solitude ; il dort loin des bruits de la terre, avec l'océan et Dieu.

Et plus loin : « Du milieu du rang pressé des Bretons, ne partaient pas ces bruyantes acclamations au poète renommé : Il fut puissant, il fut glorieux, mais ce simple hommage au royaliste chrétien, il fut fidèle.

Et vous avez pensé, Monsieur le vicomte, vous avez osé penser qu'il suffisait d'apparaître pour continuer ce vieux roi poétique en l'absence de la vieille royauté. Vous vous êtes dit, et vous avez pu croire que l'on se dirait : Châteaubriand n'est plus! Vive d'Arlincourt. Vous vous êtes peut-être réjoui de cette chute royale qui laissait close après elle les portes d'une continuation de gloire impossible. Vous avez voulu vous emparer des armes de cet hercule d'une cause éteinte avec l'indicible présomption que vous pourriez vous en servir, vous, lorsqu'elles s'étaient émoussées dans ses mains; vous avez cru que, couvert de cette sainte dépouille, vous n'aviez qu'à vous lancer dans l'arène politique, malheureux ilote! Mais le poids de ces armes suffirait pour vous abattre. Achille est mort, par respect pour son auguste défaite, n'allez pas rejeter à la face de ses adversaires, pleins d'admiration pour sa religieuse audace, le gant qu'ils oublièrent de relever. Cette fois encore ils refuseraient de combattre, non par admiration, mais par mépris. Il vous est permis, monsieur d'Arlincourt, d'insulter aux hommes de la démocratie. N'êtes-vous pas assuré d'avance de leur réponse à vos insultes. Souvenez-vous de ce qu'Armand Carrel disait à M. Thiers : Vous mourrez d'un coup de pied.

Aux époques de troubles et de misères il faut, avez-vous dit, de grandes intelligences pour que l'humanité soit à la hauteur des circonstances qu'elle a fait naître, et pour mettre l'humanité à la hauteur des circonstances, vous êtes apparu, lui rappelant le rôle qu'elle avait à remplir. Mais vainement aviez-vous moissonné d'avance dans le champ de votre rhétorique ; les fleurs sont tombées avant l'automne. Vous n'aviez pas la parole qui porte la conviction dans les âmes; et s'il restait autour de la cause que vous avez embrassée quelques faibles clartés laissant croire qu'elle était encore de ce monde, le chaos s'est fait à votre voix, et la cause s'est éteinte sous l'incapacité du docteur.

Vous et les vôtres, vous êtes venus trop tard. Que faisiez-vous en juillet 1830, où étiez-vous en février 1848?

Etait-il bien, répondez-moi, de laisser Châteaubriand seul crier au milieu du bruit des barricades : *Vive la Charte !* Une voix sans écho, puisque pas un de vous n'eut le courage d'y mêler la sienne. Qui sait alors si ce peuple, qui s'arrêta étonné et admirant devant cette héroïque assurance et qui généreux, comme il est toujours, essuya sa main sanglante sur sa veste noire de poudre, rejeta loin de lui ses armes et prit dans ses bras, pour le porter en triomphe, cet homme qui répondait aux chants de victoire par un chant de désolation, qui, pour ainsi dire, discréditait la joie de la capitale en protestant seul contre une guerre qui lui semblait impie, n'aurait pas faibli devant un courage moins isolé?

C'est que, comme vous le dites, on peut se tromper. Il est certainement de nobles âmes dans tous les partis qui prennent parfois leurs sympathies généreuses pour des nécessités futures.

Qui vous dit que la République n'eût pas été reculée d'un demi-siècle, si, sur les débris de ce trône qui s'écroulait, d'autres voix se fussent mêlées à cette voix qui gémissait seule sur les malheurs de ce vieux roi que la France exilait, et qui traversait une partie du royaume sans y trouver une larme, un geste, un mot de pitié. Où étiez-vous donc alors, Monsieur d'Arlincourt, que faisiez-vous alors, Monsieur le vicomte ?

Quand le grand-prêtre de la cause légitimiste eût compris que cette cause était à jamais perdue, quand il eût versé sur elle tous les pleurs de sa conviction, qu'il l'eût couverte de toutes les fleurs de ses nobles regrets, il descendit de sa chaire, et s'il continua de rêver un retour dont il cherchait envain l'heure dans le passage des siècles où son imagination se plaisait à le promener, au moins, aussi bon citoyen que bon royaliste, ne fit-il rien pour exciter les esprits à la révolte; il marcha avec les évènements, gardant dans son âme le serment qu'il avait fait, refusant d'embrasser une autre religion, mais ne prêchant plus sa croyance, de peur de jeter au cœur de sa patrie les brandons de la guerre civile. Il opéra sa retraite en brave et en homme convaincu, sans insulte à ses ennemis, comme aussi sans crainte ; il avait compris que sa tâche était terminée, et que l'époque marchait vers des idées nouvelles, il avait entrevu la République !

Et, maintenant que le grand homme n'est plus, quel parti prendre ? Que fera la prétendue cause légitimiste ? Se taire était le plus sage. Châteaubriand, avec son incomparable poésie, était presque parvenu à l'embellir ; mais qu'elle tombe aux mains d'un autre, et voilà la pauvre petite déshabillée, mise à nu, découvrant toute sa laideur, toutes ses hideuses difformités, entièrement abandonnée aux risées et au dégoût de la France. Quel silence ! Quelle solitude autour d'elle ! Le monde s'en éloigne avec horreur. La vue des morts fait toujours mal, et, pourtant, un homme s'est trouvé qui veut réunir les membres épars de ce cadavre infect et les ramener à la vie.

Le nom de cet homme appartient de droit à l'histoire. Cet homme, c'est M. le vicomte d'Arlincourt. Oui, M. le vicomte d'Arlincourt, le père de plusieurs ouvrages incompris et incompréhensibles ; un homme très-connu, quant aux nombreuses déceptions qu'il a éprouvées dans sa double existence de littérateur et de légitimiste.

L'auteur de *Dieu le veut* aurait bonne envie d'être quelque chose. La république a des torts immenses envers lui, et, d'abord, celui de l'avoir oublié dans la répartition des hautes charges dignitaires qu'elle a bravement prediguées à des gens tout aussi capables. M. d'Arlincourt, qui ne voulut rien accepter sous le règne de l'usurpation parce que l'usurpateur ne lui fit rien offrir, boude la république qui n'en peut mais, et, pour lui faire niche, il continue d'être en admiration contemplative devant la légitimité (lisez l'héritage de Châteaubriand).

Est-il sincère? Il l'assure; et, pour prouver de la sincérité de sa conviction, il nous fait part de citations écrites en 1833 et de la valeur de celle-ci :

« La force et le fait ne sont que des situations; il n'y a que la justice et le droit qui peuvent être des sécurités. »

Or, notez que M. d'Arlincourt écrivait son écorchure en 1833, et que la justice et le droit changent avec les époques; que ce qui pouvait être vrai lors de cette publication serait une fausseté de nos jours. Mais ce n'est pas là ce qui l'arrête ; il est de ceux pour qui la Constitution est un mensonge des circonstances; mensonge proclamé avec applaudissement par une chambre entière, mensonge accepté avec reconnaissance par la presque totalité du pays, mensonge qui détruit cet autre mensonge qui se nommait, en 1833, la Charte-Vérité.

Avant tout, M. d'Arlincourt veut être connu, et pour parvenir à son but, sa phrase brave jusqu'au ridicule. Rien ne l'effraie, rien ne l'arrête; il se démène le pauvre vicomte et dépense sa fortune et sa santé dans la réalisation de son rêve ; il y dépenserait au besoin jusqu'à la dernière parcelle de son esprit, si cette dépense était toujours possible. Il est d'une prodigalité incroyable. Hélas ! hélas ! faut-il qu'un aussi noble dévouement reste sans résultat. Dieu qui veut que Henri V revienne au trône de ses pères, voudra sans doute que le jour renaisse dans les obscurités de ce cerveau dégarni qui bat la campagne sous le nom de d'Arlincourt et qui, *du milieu de la tempête, proteste contre l'aliénation générale*.

Il me souvient d'avoir vu dans une visite que je fis à la maison jadis royale de Charanton, un fou qui pensait être Jupiter. Ce malheureux était, avant la perte de sa raison, machiniste à la porte Saint-Martin où il lui était arrivé parfois de lancer sur le public les foudres de cette grande figure de la religion païenne, ce qui nous peut expliquer cette folie et celle de M d'Arlincourt en même temps.

Je suis le continuateur de Châteaubriand, s'est-il dit, et il l'a cru, et, pour le faire croire aux autres, le voilà qui se dresse de toute sa hauteur, pérorant dramatiquement, aussi goûté qu'une contrainte par corps, et plus triste qu'une ordonnance de médecin, violentant son étroite imagination pour en faire sortir un monde; se livrant enfin à toutes les fatigues de la montagne en travail,.. accouchement pénible et stérile!

Et penser qu'après tant de douleurs infructueuses on ne sera pas plus connu qu'avant, et que dans cette France, pour laquelle on se donne tant de mal, c'est à peine si deux sur mille sauront qu'il existe dans un des coins de Paris, ce foyer de l'incrédulité et des passions mauvaises, comme le disait Louis-Philippe, un célèbre écrivain ayant cours sous la raison sociale d'Arlincourt et compagnie. . . . . . .

. . . .

Et n'est-ce pas une chose bien triste, en effet, dans un siècle comme le nôtre, de voir un homme comme Châteaubriand tomber tout d'un coup sans qu'une voix ait fait entendre sur sa tombe des paroles éloquentes de regrets sympathiques. Fallait-il que, dissimulant le penseur sous l'homme politique, M. d'Arlincourt vînt nous rappeler cette mort à jamais déplorable dans un but entièrement machiavélique, à savoir qu'il restait un successeur au grand homme!

Vanitas vanitatum et semper vanitas.

VII.

L'enfant du miracle d'après la miraculeuse description du vicomte d'Arlincourt.

« Si Henri V n'eût été qu'un prétendant, on eût eu de lui des lamentations, des réclamations et des proclamations ainsi que l'on fait les Joinville et autres candidats. »

Je n'ai pas besoin de dire que c'est monsieur d'Arlincourt qui traite aussi cavalièrement les Joinville et autres candidats.

Mais nous avons eu des lamentations, des réclamations et des proclamations de ce principe *immuable*, *unique*, *éternel*, et ces lamentations l'akhbar (*nouvel-*

liste algérien) les a reproduites (1) au-dessous de celle de l'amiral de Joinville. Que monsieur d'Arlincourt se renseigne à cet égard auprès de monsieur de Saint-Aubin, le rédacteur en chef de cette feuille, un des apôtres de Bugeaud transnonain, et, s'il pût en douter, il en acquerra la certitude, et même il apprendra que les lamentations de Joinville étaient écrites en aussi bon français que celles de Henri de Bourbon, qu'elles commençaient et finissaient de même, et qu'en leur enlevant la signature on eut pû croire qu'elles étaient du même auteur, tant elles étaient semblables par la forme et par le fond.

Le duc de Joinville réclamait son droit de citoyen français; il ne voulait être rien que par la France, il consentait même à servir la République. Comme lui, Henri de Bourbon invoquait ses titres de citoyen, comme lui il ne voulait être rien que par la France et pour la France; mais moins patriote que lui ou peut-être moins convaincu de son mérite, ce qui prouve au moins de sa modestie, sinon de ces capacités, il ne réclamait que le droit de venir vivre à Chambord en bon citoyen, promettant d'être sage, pauvre innocent !

Et le tout et des deux côtés avec accompagnements d'assurances d'amour et de dévouement aux institu-

(1) Ces lettres furent insérées du 10 au 20 du mois de juin.

tions de la mère patrie. . . Toutefois avec la réserve de la part d'Henri de Bourbon d'accepter la couronne au besoin, mais seulement au besoin et comme chose nécessaire aux repos et aux libertés des Français, un sacrifice au bonheur de la France.

Et voilà ce que monsieur d'Arlincourt appelle un silence imposant à l'ambition la plus légitime. Henri de Bourbon ne veut pas s'imposer, il veut qu'on lui impose l'obligation de revenir, il attend, il espère, et si jamais il apprend que la France soit menacée, oh ! alors il viendra la retrouver comme Louis XVIII sur les épaules des nations étrangères.

Où est-il ? Comment est-il? Qu'est-ce qu'il dit ? et à toutes ces questions que *chacun* s'adresse que répond monsieur d'Arlincourt !

Que son mystérieux Dieu-donné s'est placé dans une haute et mystérieuse sphère ; qu'il est joli garçon et vertueux ; qu'il a de la franchise et du courage ; qu'il sait lire couramment dans toute espèce d'écritures, mais qu'il préfère lire par cœur, parce qu'il ne veut pas faire parade des dons que la nature lui a donnés, et il ajoute que tout en lui et autour de lui est comme enveloppé de nuages.

Qu'il est entre le ciel et la terre, ce qui pourrait faire présumer que ce principe éternel est de première force sur la corde tendue, et que ce trop nuageux personnage ne serait qu'une obscurité de plus dans la nuit politique où nous sommes plongés.

Selon monsieur d'Arlincourt, Henri Dieu-donné ressemble à Napoléon, non Louis qui ne ressemble à personne, et moins à son oncle qu'à tout autre.

Henri Dieu-donné a la figure expressive et le corps vigoureusement charpenté, ce qui serait sans doute d'un grand secours dans les besoins de la France; il monte à cheval comme Boucher, et il ne boite pas comme lord Byron, ce sont ses ennemis qui cherchent à faire courir des bruits aussi défavorables; il mange peu, ne fume pas, ne boit de l'eau-de-vie qu'en petite quantité, il ne se laisse enfin influencer *par rien de ce qui pourrait amollir son âme*.

Il aime la magnificence; avis aux contribuables: il sourit agréablement ; les femmes en raffoleront, mais il est fidèle à la sienne.

Il communie tous les huit jours; nous payerons la dîme, et le peuple observera les jours fériés sous peine d'excommunication. Une messe manquée équivaudra à une des journées de juin; on déportera les incrédules.

Il porte en lui le sceau de la prédestination, a dit M. de Flahaut, ambassadeur de Louis-Philippe à Rome... Chose que l'on ne peut nier, s'empresse d'ajouter M. d'Arlincourt, puisque ses adversaires eux-mêmes en conviennent.

Tout lui profite jusqu'aux peines. S'il était aussi bon Français que nous l'assure l'auteur du *Brasseur Roi*, il devrait bien indiquer sa recette au peuple.

Qu'est-ce qu'il dit?

Ce n'est pas la France qui m'appartient, c'est moi qui appartiens à la France.

Décidément, il est plus raisonnable que son *panégyriste* ne se plaît à nous le faire.

Il dit encore :

Je n'ai rien de commun avec les aventuriers politiques qui montrent un empressement impie à profiter des malheurs de leur patrie .. *Aventuriers politiques!* c'est peu flatteur pour MM. de Joinville et Louis-Napoléon ; mais c'est aussi peu charitable de la part d'un homme qui communie tous les huit jours, et surtout d'un cousin ; il est vrai qu'il n'est rien de pis que les siens, et surtout que les siens en tant que dévots.

Et pourtant sa *religion* est éclairée et prise d'en haut. Je trouve que c'est prendre la religion *de loin* et manquer à un de ses plus beaux préceptes, la charité. Après tout, obscur disciple du Christ, j'ignore tous les accommodements qui se font avec le ciel.

Enfant, il a prononcé ces paroles :

« Si j'étais roi, je voudrais être appelé Henri IV second. » Cet enfant avait probablement mis ses dents de sagesse ; cet enfant est aujourd'hui dans sa vingt-neuvième année, et s'il n'avait pas vu 1830, alors il a vu 1848, deux insultes faites par le peuple aux ridicules prétentions de son droit divin.

Il n'a qu'un tort, c'est de vouloir jouer au roi sans royaume, c'est du moins l'idée que nous donne de lui M. d'Arlincourt.

Il répondit à un père de famille qui regrettait de n'avoir pu lui mener son fils en activité de service :

« Qu'il reste à son poste et garde bien son épée ; qui sert bien la France me sert. »

Et pour nous prouver que son héros porte le cachet de la prédestination, le vicomte d'Arlincourt nous fait subitement assister à la double mort du continuateur de l'Empire et de la branche d'Orléans.

Où sont-ils ? Qu'en reste-t-il ?

Que d'évènements merveilleux et providentiels ?

Visitez les tombeaux de Vienne et de Dreux.

Et quel sera le résultat de ces visites ? ne savons-nous pas que la Providence est souvent aveugle, et que Dieu s'attaque de préférence aux plus belles choses et les rappelle à lui les premières.

« Il y avait trois grandes destinées faites pour remuer le monde. Dieu n'a laissé de ces trois belles existences qu'un proscrit entre deux tombeaux. »

Pourquoi, demande le vicomte ?

C'est le secret de Dieu.

Mais pourquoi la France est-elle républicaine, lui demandons-nous à notre tour ? Pourquoi *l'enfant de l'Europe, l'orgueil de la France*, l'espérance de la terre, pourquoi Henri de Bourbon, en un mot, est-il sur la terre de l'exil, et peut-il, avant que la République ne s'éteigne, aller rejoindre au ciel ce fils de la gloire, Napoléon II, et ce prince royal, Ferdinand Ier ?

Ceci n'est point un secret, c'est que

Dieu l'a voulu !

VIII.

« Le droit et le devoir, voilà les bases suprêmes de l'existence des sociétés... »

TRADUCTION LITTÉRALE.

Henri de Bourbon est le droit ; notre devoir est de le rappeler, d'implorer notre pardon pour avoir oublié au 24 février que la branche aînée des Bourbons existait encore en sa personne, et qu'il ne nous appartenait pas de décider de notre sort sans le consulter, et qu'il eût à reprendre sa place sur un trône dont nous n'aurions jamais dû l'éloigner ; que *douze siècles de hauts faits et d'honneur rayonnent autour de sa jeune tête* qui tout à l'heure se trouvait *dans les nuages*; que nous avons eu tort, et que nous le prions à mains jointes de ne pas nous en vouloir.

Car si nous avons fait ainsi, nous pauvre peuple, c'est que M. d'Arlincourt ne s'était pas donné la peine de nous dire qu'il, lui cet intéressant Henri de Bourbon, comptait plus de soixante rois parmi ses pères, et que la *civilisation* cesserait de marcher si la royauté succombait; que, lorsqu'on sort du *principe de l'hérédité*, choisir c'est *exclure*, et que Napoléon, Louis-Philippe et la République n'étaient et ne sont que d'injustes usurpations.

Mais ceci est contraire à la vérité, contraire au caractère des Français de toutes les époques, car tous les Français sont nés libres, ils sont égaux, et en remontant vers les premiers âges de la France, ne voyons-nous pas que le pouvoir de faire les changements et les lois appartenait à tous? La loi salique, ce monument d'une haute sagesse, fut l'ouvrage de la nation.

Les Français ne furent jamais sujets; de tout temps ils furent maîtres, *dominatores regum*. La royauté n'eut de consécration que celle que lui donna le peuple, et Charlemagne et Louis-le-Bègue qui, dans le serment de leur sacre, se disaient rois par la grâce de Dieu et la volonté du peuple, prouvent bien que le droit d'élection fut toujours reconnu incontestable.

Et Charles-le-Simple que les grands du royaume déclarèrent ne plus vouloir pour seigneur, et Louis-le-Gros, dont Ives (de Chartres) rappelait la légitimité du sacre, fait avec le consentement du peuple, ne viennent-ils pas confirmer que cette volonté fut toujours respectée, que la liberté n'est pas nouvelle en France, et que, si à de certaines époques elle parut oublier son pouvoir, laissa sommeiller son autorité, elle ne permit et ne permettra jamais qu'on réclame comme un droit ce qui ne fut qu'une concession.

La prescription n'agit pas en matières politiques.

« Il en est parmi nous (*Dieu le veut*, page 94, chapitre XI) qui ne s'inclineront pas plus devant le fauteuil de la présidence que devant le trône du fils de Saint-Louis; ils ne veulent ni droit ni maître; » d'autres qui se prosternent devant n'importe quoi, d'autres enfin qui ne saluent que ce qui s'offre digne de la première nation de l'univers.

M. d'Arlincourt fait partie de ces derniers.

Nous, républicains de la veille, qui ne voulons *ni droit ni maître*, parce que nous savons que là où il y a un maître les droits cessent d'être semblables, nous méprisons ceux qui complimentent le *n'importe quoi*, et nous serions fort tentés d'accepter ce qui s'offre digne de la première des nations, si M. d'Arlincourt ne nous eût pas fait comprendre qu'il n'est à ses yeux qu'une chose digne de la première des nations, le retour au pouvoir héréditaire.

« La République ne nous donne rien de ce qu'elle nous a promis (*Dieu le veut*, page 95), et les trois saintes sœurs sont trois hypocrites et trois mégères qui ont engendré Juin, l'horrible tuerie des temps modernes. » M. d'Arlincourt a des yeux pour ne pas y voir, et il fait bien. Ne sait-il pas qu'au milieu de ces trois nobles filles, comme autrefois au milieu des trois déesses, la discorde a jeté la pomme de désunion. Ne sait-il pas que cette même discorde est allé criant par la ville : La République a besoin pour vivre du sang de la France, tandis qu'elle avait mis sur les murs du palais fondé par Catherine de Médicis, l'auteur de la Saint-Barthélemy, la mère de cet autre *principe éternel* qui tira sur le peuple, *la République ne versera pas une goutte de sang*, et ce qu'elle avait écrit, elle l'a tenu. Mais non ; monsieur d'Arlincourt est de ceux dont David parle dans ses psaumes : *oculos habent et non videbunt*, peut-être parce qu'il a trop vu que ce sanglant abattoir d'hommes égarés par la faim avait pour gérant responsable quelque honnête partisan de l'héridité quand même.

Il ne craint pas de nous rappeler que ce sang crie vengeance et qu'il retombera sur ceux qui l'ont versé.

« La France est lasse de ces ambitions de bas étage,

de ces républicains de la veille, n'ayant d'autre but que d'être les nantis du lendemain?

Oh! qu'en ceci nous donnons raison à Monsieur d'Arlincourt, et que nous sommes heureux de pouvoir le rencontrer une fois dans le vrai.

Oui, la France est lasse de ces ambitions de bas étage et de ces républicains de la veille aspirant aux honneurs du lendemain. Mais la France n'est pas lasse de la République aspirant au bonheur de tous. La France n'est lasse que de ces républicains de la veille changés le lendemain, ou plutôt de ces républicains du lendemain qui se sont dits de la veille, car tout le désordre est venu de chez ces derniers, et, pour notre part, nous pourrions en citer plusieurs; nous nous abstenons de le faire pour le nom de républicains qu'ils ont porté et qu'ils déshonorent chaque jour en continuant de le prendre.

D'autres encore se sont vêtus de ce titre comme monsieur d'Arlincourt se drappe dans celui de légitimiste, par pur besoin de paraître quelque chose et pour ne pas être coudoyés dans la voie commune par les imbéciles adorateurs du *n'importe quoi*. Seulement ils ont compris au milieu de la route dans laquelle ils s'étaient lancés en aveugles, qu'elle offrait plus de difficultés que la première, que pour ne pas choir dans les précipices qui la bordent, il fallait un courage au-dessus du leur, une vertu qu'ils n'avaient point. Alors pris de vertige, ils sont revenus sur leurs pas et dans leur fuite précipitée, soit folie, soit méchant calcul, ils l'ont rendue tellement impraticable que les hommes de fortes convictions osent seuls s'y engager de nouveau. On sait ce que peut un généreux exemple : la France s'agite, Dieu la mène, l'exemple est donné, et les cœurs réellement français n'hésiteront pas à le suivre. La France est pour toujours républicaine.

La nation est encore dans le trouble qu'entraîne inévitablement une grande commotion politique. Quelques esprits timorés hésitent ; mais l'avant-garde des républicains convaincus va franchir les portes d'un gouvernement stable et solide. Que les populations éloignées du lieu du combat n'aient plus de craintes puériles; les trônes s'écroulent de toutes parts, les peuples libres se lèvent de tous côtés, les jeunes soldats des jeunes Républiques n'ont qu'à paraître et la victoire est pour eux. Les hommes sérieux et prévoyants viennent augmenter les rangs de l'armée démocrate; l'agitation qui règne dans tous les esprits est une preuve puissante de l'intérêt que chacun prend à la situation.

IX.

Français ! plus d'hésitations, ce serait un crime; ralliez-vous sincèrement à notre République... Nous ne pouvons faire un pas dans l'histoire sans qu'elle ne rappelle une de nos conquêtes contre la tyrannie, et pourtant nous sommes encore esclaves.

Nous sommes esclaves et nous avons proclamé la République; nous sommes esclaves et nos ennemis ont accepté la Constitution; nous sommes esclaves, nous les maîtres, parce que nous avons fait comme le paysan dont parle Lafontaine : nous avons pris le serpent presque mort et l'avons réchauffé; la réaction redresse la tête, et si nous ne nous hâtons de détruire le mal en sa racine, nous serons nous-mêmes les victimes d'une aveugle générosité.

Que penser d'une République où il se trouve des hommes assez hardis pour dire qu'avec Henri V renaîtraient la confiance et le crédit, etc., etc.

Il y a retour au bon sens chez les nations; « la République aura été la transition de nécessité d'une tempête révolutionnaire à une régénération sociale. »

Que penser d'une République où le mitrailleur de Transnonin est à la tête de l'armée des Alpes, où son premier lieutenant, son *alter ego*, tient dans ses mains cent mille bouches à feu, prêtes à vomir la mort sur la population parisienne au moindre élan de patriotisme !

Que penser d'une République dont le célèbe razziateur africain a jeté pêle-mêle les défenseurs dans la fosse des bonnets rouges, et qui souffre que les quelques membres échappés au carnage achèvent de pourrir dans les cachots de l'inquisition légitimiste !

Que penser d'une République dont on a confié la garde au policeman de l'Angleterre, à l'échauffoureur de Boulogne et de Strasbourg, ridicule prétention sortie des barricades de Février, dont les champions de la régence et de la légitimité ont fait un drapeau pour plus tard en faire une corde; victime orgueilleuse des bandelettes dont on la couvre pour la conduire au sacrifice, un très-flatté très-peu flatteur pour une nation aussi grande que la France !

Que penser d'une République où l'arbitraire est à l'ordre du jour, où l'interdit est porté sur les clubs et les associations, où le ministère pousse à la guerre civile, où la liberté des citoyens est à chaque heure compromise, où, sous le moindre soupçon de républicanisme, s'ouvrent les portes d'une prison, où le royalisme se livre aux plus affreuses saturnales, d'une république enfin tombée aux mains des Carlier, des Barrot, des Faucher.

« Pauvre jeune et sainte République (dit M. d'Arlincourt), qu'es-tu devenue ? »

Pauvre République martyre, disons-nous, pauvre enfant que l'Assemblée Nationale avait prise en nourrice, et qu'elle a traitée comme l'enfant du pauvre, à la grâce de Dieu, ne lui donnant de son lait que pour ne pas la laisser mourir, de peur que le peuple ne criât trop fort contre cet assassinat; pauvre enfant, que son père lui-même refuserait de reconnaître tant elle est changée !

Oh ! s'il en est ainsi maintenant, c'est que nous n'avons pas su recevoir avec une force majestueuse une fortune aussi longtemps attendue, et que le sort, en comblant nos vœux les plus chers, nous a trouvés au-dessous de nous-mêmes.

Nous nous sommes crus à la fin du voyage quand le voyage commençait. Nul de nous ne songea à dégarnir le chemin des débris laissés à dessein pour entraver la marche de ceux qui devaient nous y suivre.

Nous avons été d'une imprévoyance impardonnable, d'une indifférence égoïste pour les frères plus jeunes que nous et qui comptaient sur nos conseils pour les initier aux secrets bonheurs de cette divine régénération.

Si nous sommes opprimés de nouveau, c'est que, entre nous déjà loin du point de départ et nos amis essayant à peine leurs premiers pas sur cette route inconnue, il restait un vide immense dont l'oppression s'est vivement emparée.

Mais ce qui devait assurer son triomphe causera sa ruine?

Qu'un cri de ralliement s'élève des deux extrémités de la route, et la réaction, prise entre deux feux, succombe inévitablement.

N'hésitons pas; l'arrière-garde est faible et se pourrait laisser égarer par de perfides insinuations qui ne seraient profitables qu'à ceux qui ont un grave intérêt à rétablir les choses qui étaient, et sans lesquelles ils ne peuvent être.

C'est à nous, républicains de la veille, à donner l'exemple.

Avant deux mois, la France sera appelée à se choisir de nouveaux représentants; que cette fois le peuple y prenne garde, c'est une question de vie ou de mort pour la république. Que ses premières fautes lui servent de leçon!

Que ces paysans dont le Ministère prétend avant peu faire des vilains et des serfs, et dont il fera peut-être des Jacques; que cette généreuse armée dont il a fait des geôliers et des bourreaux que l'on cloue au sol de la patrie, en leur disant : *Les ennemis sont là*, et qui pleure de rage et de honte; que ces ouvriers que l'on déporte quand ils demandent le pain du travail; que tout ce monde de frères, d'un amour et d'une résignation sans exemple, mais qui voient chaque jour se grossir le nombre des injustices et des iniquités, se souvienne, non des vengeances qu'il aurait à exercer, mais des devoirs qu'il a à remplir.

Avant deux mois, il pourra énergiquement protester contre ces ambitions dont il fut la victime, contre ces scandales dont on provoque sa modération.

Pourquoi les royalistes, les bourbonniens des deux branches appellent-ils de tous leurs vœux les prochaines élections? C'est qu'ils espèrent que les quelques républicains de l'assemblée actuelle ne reparaîtront pas dans l'autre, et, pourtant, si une assemblée fut conservatrice, ce fut bien celle-ci. Mais non, quelque peu nombreuse que soit la montagne elle gêne, elle est un obstacle au rétablissement de la monarchie. Et puis, en supposant qu'elle ne fût pas républicaine, cette assemblée n'a-t-elle pas proclamé la république ; donc il faut s'en défaire, *elle a démérité de la patrie*.

Pauvre peuple! toi qui fis l'aumône de 25 fr. par jour à tant d'hommes qui t'ont maudit par jour un nombre égal de fois au nombre de sous que tu lui jetais pour te défendre, arrête-toi, et regarde ce qu'a produit ta folle prodigalité :

LA GUERRE CIVILE.

Tu donnas le prix de tes hardes, pour faire une riche layette à ta fille, la dernière venue; tu l'avais nommée la République; la pauvre innocente! Ils l'ont appelée la *Rouge* eux; ils l'ont violée, prostituée à qui l'a voulue, et maintenant ils te la renvoient sans un linge pour couvrir sa honte et sa nudité! Si tu veux encore lui rouvrir tes portes, libre à toi; mais ils te l'ont rendue hideuse, et ils te font un crime de l'avoir mise au monde.

Reçois ta fille, peuple; aime ta fille, peuple, en raison des douleurs qu'ils lui ont faites, des infamies qu'ils se sont permises sur elle. Aime ta fille; elle est encore vierge, encore digne de toi. Heureusement, tu ne l'avais confiée qu'à des vieillards impuissants, et leurs criminels projets se sont usés en stériles efforts. Aime ta fille, bon peuple, mais souviens-toi des dangers qu'elle a courus, et ne l'y expose pas une seconde fois.

Aussi pourquoi choisir parmi ces caducités politiques, parmi ces vieux meubles usés de tous les Gouvernements, les hommes appelés à l'honneur de garder sa virginité? A un gouvernement neuf *il faut des hommes nouveaux*.

Laisse, à l'avenir, ton enfant grandir avec les compagnons de son âge. La jeunesse est moins à craindre. Il est une époque pour les nobles sentiments, pour les dévouements héroïques, pour la vertu, pour l'éloquence, non pas cette éloquence de convention, éloquence apprise et payée avant d'être écrite; l'éloquence de l'âme qui surgit avec le danger, et, quand le cœur est bien placé, la raison n'attend pas que l'âge l'ait décrépit pour en faire son temple.

Ne crois pas à ceux qui te disent que la vieillesse est sage et la jeunesse inexpérimentée. La vieillesse est égoïste; le cœur se corrompt avec la corruption du corps, et la jeunesse n'est imprévoyante qu'en ce qui concerne ses propres intérêts.

LE MÉRITE N'A PAS D'AGE.

Que si, comme l'Italie le fait de nos jours, tu n'eusses choisi pour te représenter que des jeunes hommes, l'armée des Alpes, après avoir fraternisé avec les républicains de Rome et de Florence, refoulerait aujourd'hui les Cosaques qui envahissent la Hongrie; et la Pologne, et l'Allemagne, ces deux sœurs, libres et régénérées par nous, continuant à travers les peuples notre sainte mission, iraient au nom de la France porter au monde la liberté.

X.

C'est une immense question que celle qui préoccupe le monde depuis des siècles, savoir qu'elle serait la forme la plus heureuse de gouvernement.

Ce problème est encore à résoudre.

Faut-il, comme nous le conseille M. d'Arlincourt, revenir au pouvoir héréditaire, aux priviléges de la naissance, à l'abaissement de la dignité nationale, aux envahissements de la caste nobiliaire, à l'absence de toutes les garanties.

N'est-ce pas s'apprêter à de nouvelles révolutions, rejeter la liberté au milieu de la rue, et l'obliger de se heurter de nouveau aux débris d'une odieuse monarchie? N'est-ce pas exposer le peuple, toujours trahi dans son espoir, toujours la victime de sa débonnaireté, à laisser sous le feu des barricades le plus précieux de son sang; n'est-ce pas ramener le char de la victoire populaire dans les ornières d'un despotisme aveugle?

Et qui sait si, pour l'en retirer, ses forces usées tant de fois à cette glorieuse tâche ne lui failliraient pas! Qui sait encore s'il engagerait cette dernière bataille, quand les autres lui coûtèrent des sacrifices si nombreux et pourtant si peu productifs !

Quand la domination leur est infructueuse, les hommes, retombés dans la servitude, s'habituent à servir. Est-il besoin de rappeler avec quel enthousiasme fut accueillie la proclamation de l'Empire ? La France, si fière d'un triomphe si chèrement acheté, la France n'attendit pas que le soleil eût fait disparaître du sol le sang qu'elle avait versé pour conquérir ses droits de nation libre ; elle vint remettre le fruit de ses sanglants efforts aux mains d'un soldat habile, qui s'en servit pour enchaîner la liberté.

Les républicains eux-mêmes courbèrent le front devant l'idole ; ils plièrent le genou devant la tyrannie qu'ils avaient hantée sur le tronc informe de celle qu'ils avaient détruite ; ils adorèrent l'oppression en maudissant les oppresseurs. Ainsi sont les fils de la grande nation. Après quarante ans d'épreuves nouvelles, nous retombons dans les mêmes inconséquences.

Mais notre oubli n'est-il pas cent fois plus coupable que celui de nos pères ?

Les victoires glorieuses de cet homme incomparable qui couvrit tant de morts de tant de gloire, que nul ne songea à les regretter ; son génie prodigieux, la grandeur et l'éclat dont il revêtit le nom français avaient pu faire oublier à la France, si grande par lui, que par lui elle avait cessé d'être libre.

Les républicains de 93 n'avaient pas, comme nous, passé par l'Empire et la Restauration ; ils n'avaient pas eu les ordonnances de Juillet; ils débutaient dans un rôle nouveau et se pouvaient tromper. C'était à nous de jouir des fautes de ce début.

Qu'avons-nous fait en 1830 ? Nous avons laissé la classe bourgeoise, la famille moutonnière s'emparer de la souveraineté, et elle s'en est servie pour nous donner un prince de son choix.

Qu'avons-nous fait en 1848 ?

Nous proclamons la République, et nous sommes encore à nous demander quelle serait la meilleure forme de gouvernement. Parbleu ! soyons une fois conséquents avec nous-mêmes. Et puisque nous sommes en République, soyons républicains, et ne laissons pas les ambitions déçues de la Restauration et les ambitions décevantes de la royauté citoyenne se rapprocher pour détruire la table des lois que nous avons écrites de notre sang sur les ruines des monarchies.

La monarchie est tombée, si bien tombée que vouloir la relever serait acte de mauvais citoyen ; ce serait appeler la guerre civile, et ceci n'est point une menace, c'est un fait.

On ne saurait admettre qu'un peuple, privé de ses droits depuis plus de soixante ans, et qui est parvenu à subjuguer sa vieille légitimité, sa légitimité imprescriptible à cette légitimité factice qui se succède sur la tête des rois, ira de nouveau s'incliner devant le pouvoir qu'il encensa hier, et qu'il sera forcé de briser demain.

Non ! non ! la République est à l'avenir une nécessité. Et, qu'on ne s'y trompe pas, elle briserait impitoyablement qui se refuserait à la recevoir. Il est trop tard et elle est trop forte, car

Dieu l'a voulu !

XI.

Ne croyons pas M. d'Arlincourt, lorsqu'il nous dit que la République n'est pas une voie progressive ; que la monarchie seule a fait de belles choses ; qu'elle est ceinte d'une poétique auréole que lui mirent au front saint Louis, François Ier, Henri IV, et Louis XIV.

La République, dit-il, est le terrain des discordes et des tempêtes, que l'on exploite aux dépens de l'humanité.

Mais comment appeler ce terrain sur lequel les *prétentions monarchiques* jouent la vie de leurs sujets ? Est-ce pour le bonheur de leur peuple qu'Henri IV introduisait la famine à Paris, et que Louis XIV révoquait l'édit de Nantes ?

Que si, lorsque la tempête de 1830 foudroya la branche ainée des Bourbons et ne laissa d'elle qu'un rameau qui ne devait jamais vivre, ils avaient compris la force du peuple, Lafayette et les hommes qui s'emparèrent provisoirement des affaires au lieu de lui donner Louis-Philippe, ce conspirateur qui mentait à Charles X dans son amitié et qui mentit aux Français dans toutes ses promesses, cet héritier du crime qui semble n'être monté au trône que pour expier la mort de Louis XVI, Lafayette et Laffite (qui demanda pardon à Dieu et aux hommes d'avoir coopéré à cette œuvre du mal), et tous les autres républicains de l'époque auraient avec bonheur proclamé la République, seule expression possible des idées d'égalité, fraternité, liberté; mais ils doutèrent de l'esprit de la nation, et ce doute fut un malheur. Le peuple qui fit 1830 connaissait ses droits ; son éducation politique, ces trois jours de victoire avaient suffi pour la compléter.

Mais ils pensèrent que les temps n'étaient pas venus, que ces idées que le christianisme et la philosophie avaient propagées n'étaient comprises que des minorités, et la France eût à subir dix-huit années d'un règne désastreux et corrompu.

N'accusons personne, mais que le peuple à l'avenir ne prenne conseil que de son cœur et ne se laisse plus confisquer les révolutions qu'il a faites ou celles qu'il se verrait forcé de faire, si l'on tentait de lui reprendre un droit consacré par la religion et par la morale : la souveraineté.

Le peuple d'aujourd'hui, en traversant les quelques règnes funestes qui le sépare de 89, à franchi dans ces soixante années des siècles d'expériences ; il est mûr pour la démocratie, et il veut récolter pour lui-même les fruits qu'il semait autrefois pour les autres.

Aussi se montre-t-il d'une patience admirable parce

qu'il se sait d'une puissance incontestable, que sa cause est sainte et que la résistance serait impie. Il oublie juin, parce qu'il a maintenant en horreur les sanglantes représailles, et qu'il ne veut dominer que par la force morale.

Oh ! que ceux qui pensent relever la monarchie en appelant la dissolution de la Chambre sont loin de connaître le peuple. C'est aux nouvelles élections qu'il vengera ses frères sur les partisants de régimes que 1830 et 1848 ne détruisirent malheureusement qu'à moitié, dont les morceaux, semblables à ceux de la vipère, cherchent à se réunir pour mordre au talon leur généreux vainqueur.

XII.

Les trônes sont tombés.

Louis XVI eut à payer la dette de la corruption et du despotisme. La France le rendit responsable des actes de Louis XV et de Louis XIV, cet étouffeur de la démocratie qui fit pleuvoir sur le menu peuple un tel déluge d'impôts que l'archevêque de Cambrai osa protester au nom de l'humanité contre un aussi odieux arbitraire.

« Vos peuples meurent de faim ; la culture des terres est presque abandonnée ; les villes et les campagnes se dépeuplent ; tous les métiers languissent et ne nourrissent plus les ouvriers, tant le commerce est anéanti. Au lieu de tirer de l'argent de ce pauvre peuple, il faudrait lui faire l'aumône.

« Vos peuples meurent de faim, » disait Fénélon à Louis XIV, et c'est pourtant l'un des piliers sur lesquels monsieur d'Arlincourt assied le trône de son *auguste maître*.

Napoléon, ce géant de la pensée, qui voulut prélever sur les monarchies l'impôt de la victoire, et que les rois ligués eussent été forcés de payer, s'il fût resté le premier soldat de la République française, alla mourir à sainte Hélène, laissant à ses successeurs la créance de ses triomphes, créance qui ne pouvait être acquittée que par un peuple libre ; et l'homme qui déchira la France, l'épuisa, la mit en guerre avec toute l'Europe et la fit passer ainsi toute sanglante sur le corps de la liberté pour la monter à la plus grande splendeur, à la plus haute puissance, cet homme le savait bien, et ce fut du fond de son exil qu'il lança ces paroles prophétiques :

« Avant cinquante ans, l'Europe sera républicaine ou cosaque. »

La France, qui se levait en 1830 pour être républicaine, semble n'avoir attendu 1848 que pour donner à l'univers, après tant de malheureux essais, une nouvelle preuve de l'incapacité des monarchies pour le bonheur des peuples.

Les trônes sont tombés depuis 93. Les rois, que le passé devait instruire, n'ont rien fait pour le peuple ; ils n'ont pas su profiter de la disposition des esprits.

Les nouveaux règnes se sont toujours annoncés favorablement. Les citoyens ont reçu des promesses de garantie pour leurs droits. On sait comment furent tenues ces promesses, et ce que coûtèrent de sang à la France les mensonges d'un pouvoir déloyal.

En moins de vingt ans, deux trônes sont brisés : deux exemples frappants pour témoigner que la souveraineté du peuple est la seule juste et la seule possible.

« Ralliez-vous franchement et sincèrement à la République, car j'emporte avec moi la monarchie française, et je descendrai avec elle dans le tombeau. J'ai été le dernier roi de France. »

Ce furent les dernières paroles du dernier des tyrans de la France, au moment de quitter la plage de Tourville.

« Ralliez-vous franchement et sincèrement à la République, car j'emporte avec moi la monarchie française... » Et ce monarque fugitif allant expier dans l'exil son imprévoyance, ce monarque qui, pendant dix-huit ans, lutta vainement contre les secrètes aspirations vers un autre ordre de choses, ce monarque connaissait son peuple, ce père aimait ses fils,.. et pourtant il a dit :

« Ralliez-vous franchement à la République, car j'emporte avec moi la monarchie française ; mes fautes laissent mes enfants sans héritage ; je suis le dernier roi de la France. »

Si M. d'Arlincourt n'a pas pitié des peuples, qu'il ait au moins pitié des rois. Qu'il se rappelle que Châteaubriand lui-même écrivait en 1834, dans une brochure prophétique intitulée l'*Avenir du monde :*

« Louis-Philippe a mûri d'un demi-siècle le fruit démocratique. La couche bourgeoise où s'est implanté le philippisme, moins labourée par la révolution que la couche militaire et la couche populaire, fournit encore quelque suc à la végétation du gouvernement du 7 août ; mais elle sera tôt ou tard épuisée. »

Et quatorze ans s'étaient à peine écoulés que la prophétie se réalisait et que le peuple des frontières eût pu *faire l'aumône au dernier de ses rois*, comme l'a dit Béranger, cet autre poète qui fut pour la République ce que Châteaubriand était pour la monarchie.

Les trônes sont tombés, et des millions d'hommes protesteraient contre un nouvel essai de royauté.

Et pourtant, dit monsieur d'Arlincourt, avec Henri V, la France n'aurait pas besoin d'écrire sur ses murs et sur ses drapeaux ce qu'elle aurait dans ses *lois et dans son cœur*, liberté, égalité, fraternité.

Mais le cœur est un abyme au fond duquel on ne peut lire, mais de malheureux exemples nous ont prouvé que les lois étaient de pauvres filles qui se laissaient violer sans se plaindre. Il est bon que les hommes se souviennent qu'ils sont libres, égaux et frères, en se retrouvant sans cesse, au moment où ils seraient tentés de l'oublier, sous cette trois fois sainte inscription : Liberté, égalité, fraternité.

« C'est qu'autour de *lui*, ajoute monsieur d'Arlincourt, viendraient se grouper toutes les grandes fortunes du pays ; c'est que toutes les fidélités monarchiques viendraient mettre à ses pieds leurs richesses et leurs vies ; c'est qu'avec lui, l'Assemblée Nationale n'aurait pas besoin de *fossés et de bayonnettes pour sauvegarder son enceinte, etc.*

Mais où sont les royalistes dont on nous parle ?

S'il est encore quelques hommes qui demandent un roi, en est-il qui désirent une royauté? Ne sait-on pas que la routine ou l'intérêt, ces deux mobiles de l'imbécillité et de l'égoïsme, poussent toujours à s'écraser eux-mêmes sous le char de la civilisation ceux qui tentent de s'opposer à son passage.

La République est dans tous les cœurs, si non dans toutes les bouches, et qu'importent les assurances auxquelles le cœur donne un démenti?... Il n'est plus de royalistes, la Vendée à déchiré sa dernière cartouche pour brûler son dernier drapeau blanc, les bleus sont devenus rouges, les fidélités monarchiques se sont englouties sous les sables de Cherbourg.

Quant aux féaux champions de la famille d'Orléans, ces royalistes de la banque et du comptoir, nul ne s'en occupe, car nul n'ignore que ce qu'ils regrettent de la royauté, ce n'est que la part qu'ils avaient prise à cette œuvre, le regret d'une invention productive pour eux seuls, et dont la chute devient une production pour tous; honnêtes gens qui voient la mort où est le remède, que la peur fait crier plus haut que le mal, qui pleurent sur la prospérité de la France, que la Mecklenbourgeoise emporta en fuyant, dans un coin de sa robe.

Pour ces royalistes des deux espèces, royalistes quant à la forme, républicains quant au fond, vouloir implanter la République sur le sol de la

France, c'est vouloir faire de la France ce centre de la civilisation, le foyer de l'obscurantisme, c'est chasser du sol français les *plaisirs, le goût, la grâce, toutes les splendeurs, harmonies et délices de la vie.*

Apôtres de la démocratrie sociale, nous dit monsieur d'Arlincourt, osez faire de la royale capitale une ville citoyenne et vous prononcerez son arrêt de mort. Et alors détail des malheurs qui doivent crouler sur nous. Plus de bal au pavillon Marsan, pour les uns; plus de pompeuses chasses à courre, pour les autres; plus de chevaliers d'honneur, plus de dames d'atour, plus de grandes revues par devant sa majesté citoyenne, plus de processions autour de la ville et que suivait par derrière sa très-chrétienne majesté...., plus de discours de la couronne, plus de sermons, plus de savantes harangues à la chambre des pairs, de l'éloquence nulle part, plus de Suisses galonnés sur toutes les coutures, les seuls qui aient réellement mérité ce titre de fidèles dont monsieur d'Arlincourt gratifie tant d'hommes qui s'en montrent si peu dignes.

Adieu les dotations, adieu les privilèges; on ne dansera plus, quelle infamie! on ne jouera plus, quelle chute! on n'ira plus en voiture, quelle décadence! et l'herbe.... l'herbe *poussera dans la rue*.

Tant mieux, la République fera plus pour la monarchie, que la monarchie n'avait fait pour elle, et si l'herbe pousse dans les rues, que les chevaliers du lis et les partisants de *toute* autre royauté citoyenne ou despotique ne s'en plaignent pas ; ils y trouveront du moins une nourriture que bien des bêtes qui les valent ne laisseraient pas que de leur envier.

C'est qu'à ses pieds, les fidèles viendraient déposer *leurs fortunes et leurs vies*.

Oh ! que monsieur d'Arlincourt sait bien que les fortunes de ces fidèles appartiennent à la France, avant que d'être à eux.

Les légitimistes ne craignent-ils pas que le peuple, en voyant comment le patriotisme est compris par ces messieurs qui refusent de délier leurs bourses pour soulager ses misères, n'insiste plus que jamais pour faire rentrer en France le *milliard* que lui volèrent les chouans de la royauté.

Quant à leurs vies, ils y tiennent trop eux-mêmes pour en faire la concession à qui que ce soit. Le temps de la chevalerie est loin de nous ; les chevaliers de nos jours, ce sont ceux qui moururent en Juillet, qui mouraient en février et même en juin, et qui sont prêts à mourir encore si la République avait besoin de leur sang pour vivre.

On ne meurt plus que pour la République. Il sait bien, M. d'Arlincourt, que l'Assemblée Nationale n'aurait pas besoin de fossés et de baïonnettes pour garder son enceinte, si le peuple, plus intelligent, n'eût appelé à le représenter que des hommes ; il sait bien que la *Montagne* est trop haut pour qu'on l'atteigne, et que ceux qui ont commandé ces fossés et ces baïonnettes ont promené de cours en cours leur ignominieuse lâcheté ; que ces moteurs de discordes civiles sont le revers de toutes les médailles ; que ce sont ces joueurs adroits de gobelets qui éloignent la foule pour mettre l'habileté de leurs tours à l'abri de la pénétration du regard ; que demain ils seront prêts, le cas échéant, à entonner : *Vive Henri IV second*, après avoir proclamé par dix-sept fois, sans rougeur au front, sans tremblement au corps, sans écart au gosier, notre sainte République.

Un monstrueux parjure, dont les journées de juin furent une conséquence, mais dont la France gardera l'éternel souvenir.

XIII.

Ah ! vous osez insulter de vos hypocrites regrets les ouvriers égarés, que le manque de travail et de pain poussaient au *désordre* et au *crime ?*

« Tendons la main aux frères coupables. Il est deux grands devoirs dans la vie pour l'âme intelligente et chrétienne : le pardon et l'oubli. »

Mais les instigateurs de ces désordres et de ces crimes ?

Le manque de travail et de pain,.... d'abord peut-être; et encore grâce à qui manquaient-ils de travail et de pain, *ces ouvriers égarés ?*

Grâce à vous, les grandes fortunes, les fidélités monarchiques, comme vous le prétendez.

Henri V répondait à quelqu'un qui lui demandait, en traversant une contrée sauvage de la Hongrie :

« — Est-ce qu'on pourrait vivre en ce lieu?

— Oui, si c'était une patrie. »

Une noble réponse, et qui eût dû vous servir d'exemple.

Mais non, vous n'avez pas de patrie, vous qui la pouvez abandonner quand elle réclame votre appui, et qui n'y revenez que pour semer la discorde.

Il n'y avait plus que le manque de travail et de pain, dans la grande émeute de juin, car l'or qui pouvait servir à étouffer cette émeute n'avait été répandu que pour l'alimenter.

Ne parlez donc pas de pardon et d'oubli pour les autres. Ne relevez pas les morts ; *les morts marchent vite*, et ils vous rejetteraient à la face l'accusation d'un crime dont vous ne craignez pas de flétrir un tombeau !

Tous vos actes, toutes vos paroles retombent sur vous-mêmes.

Il n'y a plus de monarchie possible !

XIV.

Oh ! ne rappelez pas Juin... Ne le rappelez jamais, car la France aurait horreur de vous qui vous complaisez dans un souvenir qui rouvre en elle tant de profondes blessures à peine cicatrisées.

Ne le rappelez pas pour votre sûreté et celle des bourreaux qui servaient sous vos ordres.

Vous avez cru qu'en passant par juin vous marchiez vers Henri V, et voyant que juin ne vous avait pas réussi, vous avez, pour continuer votre route vers le but de tous vos désirs, la royauté, jeté, le 10 décembre, sur l'abyme que vous vous étiez creusé, une planche détachée du cercueil d'un grand homme qui, rongée par vingt ans de pourriture de l'exil, se brisera sous vos pieds. Quelque peu nombreux que vous soyez pour affronter ce périlleux passage, tous vos efforts n'ont servi qu'à affermir la République.

Les chevaliers du coq et les chevaliers du lis sont en présence.

Spectacle triste et consolant à la fois pour les spectateurs républicains que de voir les camps ennemis se déchirer entre eux, et de savoir que ces ennemis sont frères.

Et puisque nous avons parlé de la *planche légitimiste* (car les publicistes et les orateurs de la légitimité ne nous ont pas caché leurs desseins), disons que pas plus pour lui que pour le comte de Paris ou Henri de Bourbon, la France ne prendrait les armes s'il se permettait d'afficher une autre prétention que celle d'être le premier républicain de la France ; titre qui n'a point d'égal à nos yeux. Qu'il ait toujours présentes à la pensée ces généreuses paroles qu'il prononça devant la Chambre des Pairs, le 20 septembre 1840 :

« Gardez-vous de croire que, me laissant aller aux mouvements d'une ambition personnelle, j'ai voulu tenter en France, malgré le pays, une restauration impériale. J'ai été formé par de plus hautes leçons ; j'ai vécu sous de plus nobles exemples. »

Et celles du 27 septembre 1848, prononcées en pleine Assemblée Nationale :

« J'ai besoin d'exposer ici hautement et dès le premier jour où il m'est permis de siéger parmi vous les vrais sentiments qui m'animent.

« Après trente-quatre années de proscription et d'exil, je retrouve enfin ma patrie et mes droits de citoyen.

« La République m'a fait ce bonheur ; que la République reçoive mon serment de reconnaissance, mon serment de dévouement, et que les généreux patriotes qui m'ont porté soient persuadés que je m'efforcerai de justifier leurs suffrages en travaillant avec vous au maintien de la tranquillité, ce premier besoin du pays, et au développement des institutions démocratiques que le peuple a le droit de réclamer.

« Longtemps, je n'ai pu consacrer à la France que les méditations de l'exil et de la captivité. Aujourd'hui, la carrière où vous marchez m'est ouverte, recevez-moi dans vos rangs, mes chers collègues, avec le même sentiment d'affectueuse confiance que j'y apporte. Ma conduite, toujours inspirée par le devoir, toujours animée par le respect de la loi, ma conduite prouvera, à l'encontre des passions qui ont essayé de me noircir pour me proscrire encore, que nul ici plus que moi n'est résolu à se dévouer à la défense de l'ordre et à l'affermissement de la République. »

Il ne nous est pas permis de demander compte au Président de la République des actes qu'il a commis depuis le 10 décembre, il sait qu'on a semé son chemin d'embuches et d'écueils : c'est à lui de n'y pas tomber.

« Que ceux qui m'accusent d'ambition connaissent peu mon cœur, disait-il. »

Et cependant que croire d'un républicain qui, après 34 ans de proscriptions et d'exil, assied sa puissance sur des exils et des proscriptions qu'il pouvait empêcher, s'entoure d'un ministère que la France réprouve et laisse la République se débattre sous l'oppression des Faucher, Barrot, Falloux et consorts.

Serait-il vrai que l'auguste Président de notre République n'est que le baudet chargé de reliques précieuses, et qui prend pour lui les adorations que les passants accordent à sa défroque ? Serait-il vrai qu'il n'a rien de lui que les brioches de Boulogne et de Strasbourg ?

Et pourtant, en 1832, il écrivait où il faisait écrire :

« Qui décidera des différentes formes de gouvernement? Le peuple, qui est le plus juste et le plus fort de tous les partis, le peuple qui, abhorre autant les excès que l'esclavage, le peuple, qu'on ne peut jamais corrompre et qui a toujours le sentiment de ce qui lui convient. »

Or, ce peuple, que l'on ne peut jamais corrompre, mais que l'on peut tromper, veut une République républicaine. Que le Président ne l'oublie pas ; le peuple reviendrait difficilement à la dictature de la terreur, mais ce peuple est père ; la République est son enfant. Qu'on y songe, et que ceux qui chercheraient à violer sa fille n'accusent qu'eux-mêmes des sanglantes fureurs qu'appellerait sur la France la vengeance paternelle.

Au reste, Louis-Napoléon l'a dit :

« Au-dessus des convictions partielles il y a un juge suprême qui est le peuple : c'est à lui de décider de son sort, c'est à lui de mettre d'accord tous les partis, d'empêcher la guerre civile, de proclamer hautement et librement sa volonté. »

Que ne donnerions-nous pas pour savoir quelle serait la réponse du Président, si demain, dans une autre Assemblée, ce peuple, ce juge suprême, demandait le retour des déportés, l'amnistie générale des délits politiques, la République sans présidence et l'abrogation de la loi relative au bannissement des princes. Car en ce cas nous sommes heureux d'être de l'avis de M. d'Arlincourt, et nous le félicitons de cette généreuse pensée :

« Que l'on n'exile personne, l'exil est impie, dit-il.»

Il y a dans ces quelques mots un grand fonds de républicanisme, et nous sommes étonnés que le Président de la République n'y ait pas songé, lui qui eut à pleurer trente-quatre ans la terre de la patrie.

Nous verrions avec plaisir les fils de Louis-Philippe et Henri de Bourbon lui-même discuter les intérêts de la France avec les membres de l'Assemblée Nationale, si le peuple les avait jugés dignes d'en augmenter le nombre.

Savoir, si le peuple émettait de pareilles propositions, si Louis-Napoléon ne se rappellerait pas qu'il a violé la Constitution, en mettant toutes les forces armées entre les mains d'un seul homme, qui ferait peut-être oublier les malheureux excès de cet *autre républicain* qui commandait en juin le massacre de ses frères et laissait en mars, et sous ses yeux, un de ses lieutenants fouler aux pieds le bonnet phrygien (tout Alger fut témoin de ce fait), et il existe à Lyon ou à Bourges un homme dont on connaît déjà l'habileté en ce genre d'exercices, prêt à remplir l'office de bourreau au cas où cette horrible tâche répugnerait à la valeur délicate du général en chef des gardes nationales de France, ce dont nous doutons pourtant, les femmes les plus nerveuses aimant assez les spectacles à grandes émotions.

La République est assez forte pour nourrir tous ses fils et assez puissante pour n'avoir rien à craindre de leur ingratitude. Pourquoi, dans la grande amnistie, avoir excepté ce que l'on continue par habitude d'appeler les prétendants?

Le martyre a fait des saints et des héros d'hommes qui n'eurent pour eux que leurs souffrances. L'éloignement fait souvent tout le mérite. Si Louis-Napoléon eût commencé avec la République, peut-être aurions-nous un autre Président. Les distances sont de mauvaises conseillères.

Pourquoi faut-il que Ledru-Rollin n'ait pas eu, avec autant de patriotisme, plus de plaies à montrer au peuple, plus de douleurs à lui énumérer, trente-quatre ans de misères quelconques à lui donner en détail.

Mais que Louis-Napoléon ne se gêne pas, qu'il touche même à la Constitution, et il nous délivre de la présidence, ce monstre anomalique qui n'eût pas existé si l'Assemblée n'avait été composée que de républicains.

Au surplus, un mauvais choix se répare; la durée de son pouvoir est limitée, et les Français trouveront au besoin le remède dans le motif même du mal. Le vote universel est toujours apte à corriger les fautes qu'il a commises. Que les électeurs ne craignent pas qu'il en soit de la chute d'une présidence républicaine comme des adieux des royautés héréditaires qui laissent après elles l'épouvante, le deuil et la mort. C'est à peine si la France s'apercevrait de la disparition du Président de la République.

Et puis, en supposant que la présidence fût ambitieuse et despotique, parjure, en un mot, elle a pris soin de réunir autour d'elle les instruments de sa punition, les éléments de sa perte.

Qu'elle rêve à son aise des grandeurs moralement et physiquement impossibles, l'ambition du chef de la République n'est point redoutable. *Le bélier de la Suisse* ne sera jamais qu'une triste parodie de ce lion de la Corse, qui fondit d'un bond sur la capitale de la civilisation, se dressa fièrement sur les marches sanglantes et brisées du trône de Louis XVI, et brava du haut de sa puissance impériale les trônes ligués contre lui.

Et puis, la République de 1848 ne se laisserait pas égorger sans résistance. La Révolution de Février fût un acte légitime qui n'avait presque pas besoin, pour être généralement approuvé, de la sanction du 24 mai. Nous avons marché vite depuis 89.

Février n'a pas de sang aux mains et ne fait horreur à personne. La mère de la République actuelle, bien qu'excusable à certains égards, si les circonstances peuvent excuser les fautes, fut fatalement obligée d'être ce qu'elle fut; et si, pour être absous, il suffit d'avoir souffert, qui souffrit plus qu'elle de ces échafauds toujours debout, de ces têtes toujours prêtes à tomber, de toute cette affreuse consommation de sang nécessaire à son existence, et qui ne fit que hâter sa fin! Mais 93 dut se dévouer pour l'enfant qu'elle sentait remuer dans ses entrailles, et la mère s'immola pour mieux assurer la puissance de sa fille.

La République de 1848 est un fait accompli.

XV.

Vous avez beau entourer vos vieux membres de toutes les défroques royales et papales, beau, pour les garantir du froid de la mort, draper vos tristes restes dans les pourpres monarchiques que les peuples ont traînées dans le ruisseau ; beau ceindre de cent mille bras de fer votre présidence, branche de salut, cerbère à trois têtes qui vomit par ces trois gueules la légitimité, la régence et l'empire ; ni les razziateurs de l'Afrique, ni le knout des Cosaques dont vous menacez la République à tout propos, ni les subtils poisons de l'Autriche ne prévaudront contre l'indignation du peuple.

Vos protestations et vos anathèmes ne témoignent que de votre impuissance. La France y répond par le silence du mépris ; cherchez au récipient du 29 janvier le produit de vos menées infamantes.

Inhabiles lutteurs ! vous usez vos dernières forces à établir la République démocratique et sociale.

Le peuple est patient, les rois pourraient vous le dire, mais le peuple est fort, tous ses actes ont une bouche pour vous l'apprendre.

Pourquoi tenter un troisième essai ? Les deux premiers ne suffisent-ils pas pour vous instruire de l'inutilité du troisième? et n'est-ce pas assez pour vous d'avoir lancé, à la suite des deux dernières royautés de la France, la meute populaire? faut-il, pour combler vos appétits féroces, que la fanfare démocratique raisonne pour un plus sanglant halali.

Entendez-vous ces cris de régénération? c'est l'Italie et l'Allemagne qui se déclarent indépendantes; c'est l'Espagne et la Hongrie qui poussent leur cri de guerre contre le despotisme; c'est l'Europe qui sort du sommeil léthargique où l'avaient plongée vos perfides excitations; l'Europe qui, sur l'exemple de la France, marche à la République. Serez-vous les seuls à dormir, quand le soleil de la liberté se lève sur le monde.

Plus de lâches détours, plus de feinte religion, plus de téméraire oubli; relevez-vous et croyez.

XVI.

Le progrès a brisé les autels des faux dieux. Sur quelles craintes appuierez-vous vos doctrines? Perfides sectateurs d'un culte aussi perfide, si ces peuples à qui vous voulez imposer des convictions que vous n'avez pas refusent de croire à vos mensonges et vous somment de reproduire la vérité de la lettre, appellerez-vous à l'aide de votre faiblesse l'invasion des barbares? Mais l'Europe est avec la France. Tous les hommes ont les regards tournés vers le même soleil. La République a des rayons pour tous les nobles cœurs. Encore une fois, l'Europe est républicaine, et les barbares de la Russie seraient inhabiles à défendre les barbares de la France et de l'Italie. L'idée démocratique a conquis son règne; elle n'abdiquera plus.

RELEVEZ-VOUS ET CROYEZ.

La lumière s'est faite. Il est toujours beau, mais il n'est pas toujours temps de revenir sur une erreur, en supposant que cette erreur ne fût pas volontaire.

Votre cause est perdue; et, quand la France, cet apôtre de l'humanité, tendra la main aux peuples, quand elle viendra dire aux nations : je suis votre mère à toutes ; je souffre de vos douleurs ; vous ne pouvez être sauvées qu'en abritant vos jeunes désirs sous ma vieille expérience, on la croira.

Et si elle dit : j'ai besoin de tous vos courages pour préserver la République, ma fille bien-aimée, votre sœur chérie, des embuches que lui tendent l'ignorance et les mauvaises passions ; quel est le peuple qui ne se trouvera pas spontanément debout et armé pour embrasser une cause aussi sainte ? quelle est la nation qui restera insensible à cet appel de délivrance commune, de la transformation sociale ?

Et qui sait alors si ces soldats du czar (l'épouvantail à la mode), se trouvant seuls exclus du grand banquet de la fraternité humaine, ne feraient pas retomber sur leurs auteurs la honte de cette exclusion, et ne se serviraient pas des armes du despotisme pour briser les fers de la servitude ?

RELEVEZ-VOUS ET CROYEZ.

Laissez la France accomplir saintement sa mission ; laissez-la continuer à travers le monde sa marche divine et régénératrice ; ne la forcez pas de regarder en arrière ; n'appelez pas sur vos crimes la haine et la vengeance.

XVII.

Il était donné à Février de découvrir, au moins pour de certaines époques, le mouvement perpétuel, le mouvement démocratique, qui ne s'arrêtera que lorsque le monde, à genoux devant le même autel, se confondra dans une même communion, et que tous les hommes, sans distinction de rangs et de couleurs, pourront, à tous les bouts de la route, sur tous les points du globe, tendre la main à leurs semblables avec l'intime conviction que cette main qu'ils pressent dans les leurs est celle d'un homme libre et d'un frère.

Et ce moment il viendra, n'en doutons point. La France est déjà loin; elle marche au but. Les obstacles ne feront qu'agrandir son courage.

C'est en vain que la routine imbécile sème des pierres sur la route; elle fait sans le savoir un monde nouveau. De chacune de ces pierres naît un homme de plus pour l'idée victorieuse.

Deucalion, chargé de donner des fils à la terre dégarnie par le courroux du ciel, s'arrêta épouvanté en voyant son travail. Il eut horreur de lui-même en se trouvant si au-dessous de sa création. C'est qu'il était lui, comme toutes nos infirmités gouvernementales, le dernier lambeau d'une race éteinte, d'une société perdue, et il refusait de croire à sa paternité tant il lui semblait impossible que des hommes d'une nature si dissemblable à la sienne fussent l'œuvre sortie de ses mains.

La France est grande! la République est forte! Que les légitimistes renversent les arbres de la liberté, c'est d'abord du bois pour la misère, en attendant que le peuple leur assigne une autre destination; car si le mépris ne lasse pas la révolte, il faudra bien qu'on l'écrase.

Que la réaction, à l'ombre de ses baïonnettes, ne se croie pas à l'abri du danger. La force brutale peut tuer un homme, elle ne tuera jamais l'idée. Qu'elle brise le vase, et la liqueur qu'il contient, s'épendant sur le sol, ira d'un monde à l'autre apprendre aux nations que le jour de la rédemption est à la fin venu.

Et de quels droits compteraient-ils sur l'armée? Les hommes qui la composent ne sont-ils pas les fils de nos mères, les amis de notre enfance, les compagnons de nos jeux, les confidents de nos désirs, les mêmes qui, en 1830 et en 1848, se hâtèrent de remettre aux mains du peuple les armes qui pouvaient l'aider à établir son autorité? ne sont-ils pas comme nous tous les enfants de cette belle France si longtemps martyre, et pourtant si calme? Pourquoi douter de leurs cœurs? N'est-ce point leur faire offense que de les ranger comme une machine de destruction, comme une chose vendue dans l'arsenal de l'oppression.

Que les Bugeaud, les Changarnier, les Cavaignac aient de nos vaillants soldats une idée aussi désavantageuse, bon pour eux qui mesurent la honte d'autrui à la leur; mais que nous, les fils aînés de la République, nous compromettions ainsi la valeur de nos soldats, de nos frères, ce serait plus qu'une faute impardonnable, ce serait une infame lâcheté!

Non, quoi qu'en puissent dire les partisans de la corruption, nous ne trouverons pas des ennemis dans les rangs d'une armée qui ne reçoit que des braves et des Français.

Que le vaillant *de Transnonain* menace Paris de la terrible invasion de quatre hommes et un caporal, son caporal et ses quatre hommes s'inclineront aux portes de la capitale, sous le drapeau du socialisme.

XVIII.

N'en déplaise à messieurs les blancs, l'exploitation de l'homme par l'homme est à sa fin. Le suffrage universel lui a porté le premier coup; l'organisation du travail va l'achever. Qu'elle meure donc! et si des républicains en blouse ou en capote assistent à ses funérailles, ce ne sera sans doute que pour mieux s'assurer que son retour est à jamais impossible.

Que les brûleurs d'hommes de l'Afrique et leurs coassociés cherchent de nouveaux actionnaires pour prolonger son agonie, puisqu'il est de leur intérêt de le faire; mais qu'ils ne se flattent pas d'empêcher le peuple, quand il lui plaira de sonner sa dernière heure, de la jeter dans l'égoût, car alors elle ne les y précéderait que de quelques minutes.

Que cette aristocratie de contrebande, née dans les prisons de 92, et cette autre aristocratie, faite au hasard, et par raccroc sur les divans d'un banquier en faillite, traitent le peuple de canaille. Cette canaille est souveraine, et si elle ne compte pas sa noblesse par quartiers, elle connaît le quartier de sa noblesse; elle a le cœur placé à gauche, et elle tient l'épée de la main dont elle fait un serment.

La canaille n'abandonne pas ses foyers quand l'étranger les menace ; elle ne va pas grossir les rangs ennemis. La canaille est trop noble pour être de la noblesse, la noblesse est trop vile pour être de la canaille.

La canaille ne vend pas son honneur ; c'est tout son bien à elle. Et si la faim, cette horrible entremetteuse, lui suggère parfois d'affreux marchés, nul n'a le droit de s'en plaindre ; ces marchés retombent sur elle en misères nouvelles.

Toujours la victime de cette infernale exploitation du pauvre par le riche, la canaille n'eût au bout de ses peines que la désillusion et le repentir. Car la canaille se repent quand elle a commis une faute, et la noblesse.... Oh! la noblesse reçoit courageusement le prix d'une mauvaise action ; ses forfaits valent de l'or ; une lâcheté lui rapporte un milliard ; les crimes lui profitent comme les peines profitent à Dieudonné.

Gens heureux, et bien à plaindre aussi! Car le mal ne fructifie qu'à ceux qui ont une grande habitude du métier, et le remords, ce passif des consciences troublées, se dresse toujours entre les désirs du coupable et leur accomplissement.

XIX.

Quand donc le peuple profitera-t-il, à son tour, de ses longues tortures? Jusques à quand laissera-t-il ignorer sa puissance? Le peuple est patient; mais la République implore sa protection ; son existence est mise en question : elle craint de mourir avant d'avoir vécu, de mourir loin de ses fils qui ignorent à quels atroces traitements elle est soumise. Elle a besoin d'air; elle étouffe dans les salons de la présidence, où tout le monde la délaisse et l'insulte en passant. Elle pleure, la pauvre petite, elle pleure de cet abandon et de ce mépris; et personne à qui se plaindre, pas un bras pour la défendre, pas un cœur pour y déposer ses craintes. Elle pleure en silence, et ne sait sur qui faire tomber ses accusations.

Et, en effet, quel est le plus coupable du bourreau ou du juge quand il sait condamner une innocence.

Le peuple attend. Dieu fasse qu'il n'ait pas à maudire ce retard.

Mais non! le peuple attend, parce qu'il sait que l'enfant sorti de ses entrailles est fort comme lui, et qu'il veut ajouter à la sainteté de sa cause la consécration du malheur. Le peuple attend parce qu'il hait les moyens extrêmes; parce que le sang lui fait horreur, même quand il coule sous la hache de la justice. Le peuple attend, parce qu'il est religieux et qu'il croit à une justice moins faillible que la sienne. Le peuple attend, parce qu'il est généreux et qu'il aimerait à pardonner.

Le peuple attend parce qu'il est le maître, et qu'il se rit des projets qui n'ont pas été soumis à son approbation souveraine, parce qu'il est la canaille que rien n'arrête, ni le froid, ni la faim, ni les soldats bardés de fer, parce qu'il est le héros qui marche au feu les pieds nus, et qui clouerait sa bouche à la bouche d'un canon pour braver la tyrannie ; il attend parce qu'il est le peuple; parce qu'il sait ce qu'il veut ;

Parce que demain, s'il choisit demain, sera le jour de délivrance commune; parce que demain, pour peu que la fantaisie lui en prenne, il entassera dans la même loque trônes et royautés, courtisanneries et mensonges, ignorance et préjugés, abus et privilèges, et jettera le tout dans le même bourbier, sans haine comme sans résistance ;

Parce que, s'il veut que demain la République soit, elle sera; non pas un semblant de République, mais une République immense et féconde comme son créateur;

Non pas une République grêle et chétive qui se pâme comme une comtesse du noble faubourg aux cris des manants qui la fêtent, qui se muscuille comme

Monck-Changarnier, et se couvre d'odeurs plus ou moins infectes, comme certains membres de l'Assemblée nationale; non pas une République à la main blanche et qui ne se montre qu'aux mille clartés d'une fête de nuit; non pas une République de nom, et tenue sur les fonds baptismaux par les Rullières, les Falloux, Bonaparte et autres saints du même calendrier;

Non pas une République bourgeoise, honnête et modérée, qui poursuit ses fils et tire elle-même le verroux sur leur liberté, qui permet les pontons et Vincennes ;

Qui fait ses coups à la sourdine comme Marguerite de Bourgogne, et passe pour la plus pieuse femme du monde; qui a ses petits levers, se toilette pour les adorateurs, et se prostituerait volontiers au royal amour de ses amants, qui s'assied à la chambre entre Boulay de la Meurthe et Louis-Napoléon;

Qui, bien apprise comme une grande dame qu'elle est, ne sourit qu'aux gens bien mis, boude la Montagne, et se verrait avec plaisir une couronne impériale sur la tête,

Mais une vraie, une franche République; bonne femme et bonne mère, qui se désole en pensant que le travail n'apporte pas à tous le pain nécessaire; décente parce qu'elle est vertueuse, non de ces décences d'apparat et que l'on quitte en se retrouvant seule, comme une fausse dent ;

Une République grande à l'intérieur, terrible au

dehors, qui se fait la protectrice de toutes les infortunes, le défenseur de tous les opprimés, la redresseuse de tous les torts; qui marche avec le peuple à la frontière, et qui braille au besoin la *Marseillaise* en s'élançant sur la brèche, comme le plus brave de ses enfants.

Une République qui ne s'arrête qu'après la victoire, et ne reprend la quenouille, qu'après avoir brisé son glaive sur la tête du dernier roi :

LA RÉPUBLIQUE DÉMOCRATIQUE ET SOCIALE.

Les temps sont venus! Tous les peuples se lèvent. La République de nos rêves est une réalité.... C'est à genoux que nous devons la recevoir parce qu'elle nous vient d'en haut, et que

Dieu l'a voulu!

FIN.

IMPRIMERIE HENRI ET CHARLES NOBLET, RUE GÎT-LE-COEUR, 8.

POUR PARAITRE PROCHAINEMENT :

LE JUGEMENT DES ROIS

PAR RAOUL BRAVARD.

EN VENTE :

Au Bureau du Peuple, rue Coq-Héron, 5.

LE PROLOGUE D'UNE RÉVOLUTION,

PAR LOUIS MENARD.

Un beau volume in-8,

Paraissant par livraison de 32 pages et du prix de 30 c.

IMPRIMERIE HENRI ET CHARLES NOBLET, RUE GÎT-LE-COEUR, 8.

www.ingramcontent.com/pod-product-compliance
Lightning Source LLC
LaVergne TN
LVHW020349230826
846091LV00003B/1045

* 9 7 8 2 0 1 2 9 7 2 5 2 0 *